MW01168428

Sie wußte immer, daß sie es auf diese Weise erfahren würde. In den Nachrichten. Mirna Palm hört im Autoradio vom Tod des ehemaligen Staatsministers Filip Berg. Er war einer der Architekten der »Wende« von 1982 und bestimmte entscheidend die Politik des Ministeriums für Zukunftsfragen, Ökologie und Freizeit.

Die erfolgreiche Rundfunkjournalistin und der machtbewußte Taktiker Berg lernen sich in den siebziger Jahren kennen. Der Politiker verliebt sich in die einfühlsame junge Frau und alleinstehende Mutter zweier Kinder. Er taktiert mit all seinen Statussymbolen und Machtmitteln, um sie für sich zu gewinnen. Aus der gemeinsamen Arbeit entsteht eine außergewöhnliche und traurige Liebesgeschichte. Das Paar kann nur von montags bis freitags zusammensein, Wochenenden und Ferien verbringt Berg mit seiner Ehefrau. Das versprochene gemeinsame Leben mit Mirna scheitert an der Erpreßbarkeit des Politikers, dessen Vergangenheit dunkle Flecken aufweist.

Dieser poetisch erzählte Liebesroman gewährt einen intimen Blick hinter die Kulissen des politischen und journalistischen Alltags der provisorischen Hauptstadt in der Zeit der Endphase der sozialliberalen Koalition und ist so auch ein zeitgeschichtliches Dokument. Er schildert den Machtapparat von Regierung und Parlament und die Welt politischer Entscheidungsträger in der Bonner Treibhausatmosphäre – ein Leben, geprägt von Intrigen, Einsamkeit, Sachzwängen, Abhängigkeit, Entscheidungsdruck, Staatsräson und Fremdbestimmung.

Anna von Laßberg ist Publizistin. Sie lebt in Las Palmas und Dresden und arbeitete über zwanzig Jahre als Wissenschaftsjournalistin für Zeitungen, Rundfunk und Fernsehen.

Anna von Laßberg
Eine Liebe in Bonn
Roman

Fischer Taschenbuch Verlag

Die Frau in der Gesellschaft
Herausgegeben von Ingeborg Mues

Originalausgabe
Veröffentlicht im Fischer Taschenbuch Verlag GmbH,
Frankfurt am Main, September 1995

© Fischer Taschenbuch Verlag GmbH, Frankfurt am Main 1995
Druck und Bindung: Clausen & Bosse, Leck
Printed in Germany
ISBN 3-596-12760-2

Gedruckt auf chlor- und säurefreiem Papier

Gewidmet den Bonner Freunden und Wegbegleitern,
die mir ein Stückchen Heimat gaben, mich ermutigten
und mir ihre Zeit schenkten, wann immer
ich sie nötig hatte

Für Heidi und Richard Diehl †
Hadwig und C. Donald Moeder
Mit dankbaren Gedanken an den Freund,
der die Eulen liebt,
und seine Frau Brigitte Uhl

Ingeborg Mues in Dankbarkeit
für die Zeit, die sie sich nahm,
daß sie ermutigte und unterstützte,
den Weg vom ersten Manuskript bis zur
Buchveröffentlichung durchzustehen

Prolog

Eine Liebe in Bonn ist eine fiktive Geschichte. Es gibt keine Ähnlichkeiten mit lebenden oder verstorbenen Personen. Manchmal jedoch wurde Erlebtes, Gesehenes, Gehörtes oder Erfahrenes mit eingewoben. Der zeitgeschichtliche Hintergrund wie der von Zukunftsfragen, Naturschutz und Ökologie sind Realität. Das gilt auch für die Beschreibung von Städten, Landschaften und Ländern. Durch diesen Kunstgriff der Autorin entsteht beim Lesen ein authentischer Eindruck, der aber nicht dazu verführen darf zu glauben, daß Staatsminister Filip Berg und die Journalistin Mirna Palm wirklich gelebt hätten.

Einsamkeit der Macht

Sie wußte immer, daß sie es auf diese Weise erfahren würde. In den Nachrichten. Sie hört die Sprecherin sagen: »Wie erst heute bekannt wurde, verstarb vor zwei Wochen in der Provence Filip Berg, der ehemalige Staatsminister aus dem Ministerium für Zukunftsfragen, Ökologie und Freizeit. Er bestimmte dort über zwei Legislaturperioden entscheidend die Politik.«

Sie macht das Autoradio aus, fährt ihren Wagen vorsichtig an den Bürgersteig. Sie ist in der Bonner Südstadt. Als sie die Todesnachricht hörte, bog sie gerade von der Argelanderstraße in den Bonner Talweg ein. Sie registriert nun, daß sie sich in der Königstraße befindet, die wohl zu den schönsten in der Stadt gehört. Alte Patrizierhäuser mit Jugendstilfassaden, kleinen Blumenvorgärten und einer Lindenallee, deren dichte Zweige die Straße mit einem Laubdach überspannen. An einigen Stellen sind die Blätter gelb. Es wird Herbst, denkt sie. Es ist September. Wieder einmal.

Sie muß nun zu einem Termin mit dem Industriellen, den sie für den Rundfunk porträtieren soll. Der Wirtschaftsführer hat sie in sein Privathaus eingeladen, es steht irgendwo in dieser Straße. Sie denkt daran, daß sie sich vor sechs Jahren von Filip verabschiedet hat, mit dem sie fünf Jahre zusammen war, und fragt sich zum wiederholten Male, ob dies eine verlorene Zeit für sie gewesen ist oder ob sie diese in ihrer Entwicklung weitergebracht hat. Nun schaut sie in den Rückspiegel des Autos, schminkt ihre Lippen, nimmt Notizbuch und Kassettenrekorder vom Nebensitz, steigt aus, geht wenig später ein kleines Stück die Königstraße hinunter. Sie öffnet ein schmiedeeisernes Tor, steigt gedankenverloren die wenigen Steinstufen hinauf zum Haus.

Ihre Geschichte begann in den siebziger Jahren in Bonn. Mirna Palm ist eine erfolgreiche, anerkannte Journalistin und verantwortlich für das AFR-Rundfunkstudio in der Stadt. Sie ist mittelgroß, apart, hat schwarze Haare, die bis zur Taille reichen; sie trägt sie offen oder als Zopf geflochten. Sie hat grüne Augen, die etwas schräg und weit auseinander stehen. Sie trägt meist lange, extravagante Kleider, weshalb sie in Bonn auch Paradiesvogel genannt wird.

Filip Berg war gerade Staatsminister geworden und auf dem Höhepunkt seiner Karriere. Es gibt nur wenige solche Ämter in der Bundesregierung. Ein Staatsminister steht in der Hierarchie über dem Parlamentarischen Staatssekretär, er ist ein ›de Luxe‹, wie es in Bonn heißt. Filip Berg hat einen geradezu legendären Ruf. Es heißt, kein Mitglied der Bundesregierung sei so gefühllos, kalt, berechnend und hart wie er. Es wird erzählt, daß er über Leichen gehen könne. Der Staatsminister besitzt eine Ausstrahlung von knisternder Macht.

An einem Spätnachmittag, in den ersten Märztagen, veranstaltet der AFR im Bonner Wissenschaftszentrum eine Round-table-Diskussion über das neue Gesetz für Zukunft und Naturschutz. Industrielle, Wissenschaftler und Filip Berg sitzen um einen Tisch, vor ihnen Richtmikrophone. Drunten im Hof steht ein Ü-Wagen, in dem ein Techniker das Gespräch auf Tonband aufzeichnet, das später von Mirna noch redaktionell bearbeitet, geschnitten und montiert werden muß. Die Round-table-Diskussion soll am nächsten Abend im ersten Programm gesendet werden. Der Moderator braucht einige Zeit, bis er die Gesprächsteilnehmer aus ihrer Reserviertheit locken kann.

Während der Diskussion blickt der Staatsminister Mirna hin und wieder auffallend lange an. Sie ist es gewohnt, von Männern auf diese Weise angesehen zu werden. Trotzdem empört sie sein Blick, der nicht ins öffentliche Bild des Spitzenpolitikers paßt. Der Herr in Grau wirkt seriös, ist auf Unauffälligkeit und Korrektheit bedacht, sogar bis in die Art, wie er seinen Scheitel gezogen hat. Auf der Straße wäre er Mirna sicher nicht aufgefallen.

Die deutsche Wirtschaft lehnt Staatsminister Berg wegen der strengen Forderungen für Zukunft und Naturschutz ab, die er knallhart durchgesetzt hatte, indem er im Hintergrund die Fäden zog und gekonnt und aufeinander abgestimmt Regierungsapparat wie Gesetzgebungsmaschinerie dahin brachte, wohin er wollte.

Vor ein paar Monaten schockierte der Staatsminister die Spitze der Wirtschaft, die ihn zu einer Diskussion über das neue Gesetz für Zukunft und Naturschutz ins Nobelhotel Bristol nach Frankfurt gebeten hatte. Er konfrontierte sie mit den tödlichen Risiken der Chemie, mit gefährlichen Rückständen in Nahrungsmitteln und mit neuen krebsverursachenden Stoffen. Er lehnte die Forderung nach mehr Industriefreundlichkeit des Gesetzes strikt ab.

Das war der Anstoß für den AFR-Sender, das neue Gesetz in einem Round-table-Gespräch aufzugreifen und den Staatsminister dazu einzuladen. Der ließ von seinem persönlichen Referenten absagen. Doch nun sitzt er mit am Tisch und verweist darauf, daß »neben Krieg und Kernkraft die tödlichen Risiken der Chemie inzwischen zu den Ängsten vieler Bürger gehören. Deshalb schützt das neue Gesetz für Zukunft und Naturschutz umfassend, zudem ist es auf die Verhütung langfristiger und mittelbarer Schadstoffwirkungen ausgerichtet. Dieser übergreifende Schutzanspruch eines Gesetzes ist neu. Für seine Erfüllung gibt es keine Vorbilder.«

Später gehen die Diskussionsteilnehmer auf Einladung des AFR essen. Das Restaurant ist im Erdgeschoß des Wissenschaftszentrums und mittags stark frequentiert von Lobbyisten aus Wirtschaft, Wissenschaft und Verbänden, die bei Arbeitsessen ihre Interessen in die Politik hineinzutragen und durchzusetzen versuchen. Abends, wenn alle das Regierungsviertel verlassen haben, ist hier kaum noch etwas los. Das Essen ist ausgezeichnet, und die Preise entsprechen den Spesenkonten der Gäste. Der Staatsminister besteht darauf, daß sich Mirna neben ihn setzt. Seine Einladung hört sich fast an wie ein Befehl. »Pflegen Sie mit Damen immer so umzugehen?« fragt sie spitz. »Da Sie hier die einzige sind und ich Sie attraktiv finde...« – »...befürchten Sie, daß ich mich zu einem anderen setze.« – »Erraten«, sagt er. Es ist ihm anzumerken, daß er sich um ein weiches Timbre in seiner Stimme bemüht: »Ich werde Sie gut unterhalten.«

Er spricht leise, sehr schnell und verschluckt dabei halbe Sätze. Sie hört nicht hin, sie ist müde, und seine Witze und losen Reden über den inneren Zirkel der Bundesregierung interessieren sie nicht. Er will, daß sie ihm zuhört, deshalb schnalzt er unmittelbar unter ihren Augen mit den Fingern. Sie erschrickt.

Er fragt: »Gehen wir noch ein Bier trinken?« – »Ich muß ins Studio und die Bänder der Diskussion abhören und für den Schnitt vorbereiten.«

Filip Berg erwidert mit einem gewinnenden Lächeln: »Kommen Sie anschließend in meine Wohnung.« – »Das gehört sich nicht«, sagt Mirna bestimmt. Er gibt ihr eine Visitenkarte, schreibt auf die Rückseite seine private Telefonnummer und Adresse, sagt: »Ich erwarte Sie, auch wenn es spät sein sollte.« Mirna Palm erwidert fest: »Ich gehe nachts nicht in die Wohnung eines fremden Mannes.«

Sie verabschiedet sich und fährt ins AFR-Studio ins Regierungsviertel. Kurz vor Mitternacht ruft Filip Berg an: »Warum kommen Sie nicht, ich möchte mit Ihnen reden und einen Absakker trinken. Sie wissen, daß ich in einer Ausnahmesituation lebe, ständig bewacht. Die Bodyguards habe ich bereits nach Hause geschickt, deshalb können wir uns nicht in einer Kneipe treffen. Ich erwarte Sie.«

Mirna gesteht sich ein, daß sie neugierig ist auf diesen Mann, was nichts Besonderes ist, denn Neugierde und Hartnäckigkeit gehören zu ihren herausragenden Eigenschaften und sind Voraussetzung für ihren Beruf. Ihre Kollegen sagen hinter vorgehaltener Hand: »Sie beißt zu wie eine Bulldogge, wehe dem, auf den sie es abgesehen hat. Sie erreicht, was sie sich vorgenommen hat, und zieht den anderen die Informationen geradezu aus der Nase. Nach außen ist sie freundlich, spielt die Charmante und läßt dabei ihr Ziel nicht aus den Augen.«

Mirna Palm bestellt gegen ein Uhr morgens ein Taxi und fährt vom Pressehaus im Regierungsviertel in die Südstadt, weiter nach Endenich und Tannenbusch. Später steht sie vor einer Gruppe häßlichgrauer Betonhochhäuser. Neben der Haustür des einen entdeckt sie die Anfangsbuchstaben seines Namens am Klingelschild. Sie läutet, hört den Summton des Türöffners, drückt auf und fährt mit dem Aufzug in den elften Stock. Der Staatsminister erwartet sie vor der Wohnungstür, nimmt sie in die Arme, versucht sie zu küssen. Mirna wehrt ihn ab, sagt bestimmt: »So nicht, Herr Staatsminister.« Darauf er, freundlich lächelnd: »Kommen Sie trotzdem herein.«

Später: Sie ist leicht geschockt über sein Appartement und verbirgt es nicht. Eine Wabe mit weißgekalkten Wänden, Kalender-blattstichen in Weichholzrahmen. In der Ecke eine Liege, gegen-über ein Fernseher, Tisch, Sessel und die Tür zum Balkon. Eine winzige Küche, ein Minibad. In der Diele ist gerade für eine Kör-perumdrehung Platz. Sie denkt, wie kann ein Mitglied der Bun-desregierung nur so trostlos leben, während sie die Hummer-suppe löffelt, die der Staatsminister aus einer Dose aufgewärmt hat. Er fragt:»Schnaps?« Sie, spitz:»Nein, Whisky pur.« – »Das hätte ich nicht gedacht.« Mirna versucht, die in ihr hochstei-gende Wut zu unterdrücken. Sie ärgert sich, daß sie gekommen ist, und fragt sich, wie komme ich hier wieder heil raus. Filip Berg schaut sie nachdenklich und fast ununterbrochen an. Sie hält sei-nen Blick aus. Er hat Mühe, sich zu beherrschen. Sie reizt ihn. Er will eine Affäre mit ihr. Mirna ist anders als alle Frauen, die er kennt. Er denkt, sie hat ihren eigenen Kopf, ist klug und dabei auch noch schön. Eine eher seltene Kombination.

Etwas unvermittelt sagt er:»Ich möchte Mirna sagen.« Sie, wütend:»Lassen Sie das, Herr Staatsminister, ich bin keine Perle an Ihrer Krone.« Er gießt sich Schnaps ein, kippt ihn und trinkt noch einen. Er sieht die Journalistin an, zieht die Augenbrauen leicht nach oben. Filip Berg nimmt nun seine Brille ab, legt sie auf den Tisch. Seine Lippen werden schmal. Mirna versteht erst zeit-verzögert, daß er leise zu ihr sagte:»Ich möchte mit dir ins Bett.« Sie erwidert kalt:»Ich kann Ihnen widerstehen.« Worauf er kon-tert:»Ich kann warten.« Filip Berg nimmt noch einen Schnaps, er ärgert sich über seine Direktheit. Sie hat jedoch auf ihn eine Ausstrahlung von Sex, die ihn richtig in Stimmung bringt. Dabei findet er es unmöglich, wie sie sich kleidet. Mirna trägt ein schlichtes, wadenlanges Kleid.

Sie schaut manchmal zu ihm hinüber, wie er mit leicht unter-geschlagenen Beinen in einem grauen, korrekten Anzug auf der Liege sitzt, den obersten Knopf des Hemdkragens geöffnet. Filip Berg hat nicht die geringste Ausstrahlung auf sie. Die Art, wie er mit ihr umgeht, stößt sie ab. Mirna stützt ihren Kopf auf ihre rechte Hand, eine für sie typische Haltung, wenn sie nachdenkt. Irgendwann sagt sie:»Ich möchte wirklich wissen, was in Ihnen vorgeht. Zur Round-table-Diskussion mußte ich Sie mehrmals einladen, bis Sie geruhten zu kommen, und nun bieten Sie mir

Ihr Bett an.« Er lacht. Sie redet weiter: »Mich interessiert, was Sie schließlich bewog, die Einladung anzunehmen?« Darauf er: »Deine Hartnäckigkeit. Mein persönlicher Referent erzählte, daß du gedroht hättest, mich vor dem Ausschuß für Zukunftsfragen und Naturschutz abzufangen.« – »So extrem gerade nicht, aber ich hatte vor, dort auf Sie zu warten.« – »Eine geradezu ungeheuerliche Idee.« – »Immerhin scheint sie Sie umgestimmt zu haben.« – »Jedenfalls war ich neugierig auf die Frau, die sich so was ausdenkt.« – »Ein Mann, der Sätze sagt wie Sie, muß wissen, daß er eine öffentliche Verpflichtung hat, über das, was er tut, zu sprechen.« – »Typisch Journalistin.« – »Ich widerspreche.« – »Ich habe um diese Zeit nicht vor, die Diskussion weiterzuführen. Mich interessierst du.«

Mirna bemüht sich gar nicht, ihre Empörung zu verbergen, sie erwidert scharf: »Ich finde es nicht gut, daß Sie die Respektlosigkeit besitzen, mich zu duzen, hinzu kommt, daß ich absolut keinen Bock auf Sex habe.« Darauf er: »Es ist unerhört, wie du redest.« – »Sie fordern mich dazu heraus.« Mirna steht auf, geht zum Telefon. »Sie erlauben, daß ich mir ein Taxi bestelle?« – »Das werde ich für dich tun.«

Dieser Staatsminister ist geradezu menschenverachtend und einfach unmöglich, denkt sie, und um Höflichkeit bemüht antwortet sie ihm: »Ich schätze, Sie haben die Nummer der Taxizentrale nicht im Kopf.« – »So ist es. Aber du könntest sie mir sagen.« – »Ich sage Ihnen ganz etwas anderes: Herr Staatsminister, Sie gehen mir in Ihrer Respektlosigkeit auf den Geist. Mit Ihrem Du erreichen Sie nichts bei mir. Sie tun mir wirklich leid, Sie besitzen soviel Macht und sind doch einsam. Ich habe mir ein Staatsministerleben anders vorgestellt.« Er zuckt zusammen, streckt die Hand nach dem Telefonhörer aus. Sie sagt: »Lassen Sie es.« Sie faßt nach dem Telefon, wählt sechsmal die Sechs und bestellt ein Taxi. Nun steht Mirna Palm auf, sie neigt leicht den Kopf, übersieht seine ausgestreckte Hand und geht.

Phantasievolle Abwehr

Der Morgen dämmert, als Mirna in Remagen ankommt. Dort lebt sie mit ihren Kindern, dem vierzehnjährigen Peter und der fünfzehn Jahre alten Luisa. Mirna ist eine alleinstehende Mutter und will es bleiben. Sie verließ den Vater ihrer Kinder vor mehreren Jahren. Sie verspürt keine Lust, die Geliebte des Staatsministers zu werden, weil sie weiß, daß sie daran zerbrechen würde.

Der besucht sie am nächsten Tag im AFR-Studio und erklärt: »Der Ausschuß für Zukunftsfragen und Naturschutz war früher zu Ende, als ich annahm. Da Ihr Studio um die Ecke vom Langen Eugen liegt, dachte ich...« Mirna unterbricht ihn: »Das wäre der Rhein.« – »Sie machen es mir nicht leicht. Es ist nur wegen heute nacht. Ich hatte zuviel getrunken. Mir tut mein Ausgleiter leid. Das war es, was ich Ihnen persönlich sagen wollte.« Er verbeugt sich, deutet einen Handkuß an und geht. Sie begleitet ihn auf die Straße. Dort steigt er in einen grauen BMW, ehe sein Fahrer ihm die Tür aufhalten kann. Er winkt ihr zu. Mirna sieht dem Auto nach, wie es durch die Winston-Churchill-Straße fährt und in die Heussallee einbiegt. Sie geht zurück ins Büro. Filip Berg wird ins Ministerium gefahren. Zeit für ihn, die Aktenlage durchzusehen. Der Weg geht über die Adenauerallee am Bundeskanzleramt vorbei, rechts das Palais Schaumburg in einem weitläufigen Park, durch eine Mauer vor neugierigen Blicken geschützt. Hier residiert der Bundespräsident. Auf der anderen Seite gegenüber das Tiermuseum Alexander König mit seinen ausgestopften Giraffen und anderen exotischen Tieren. 1955 wurde das Bundesministerium für Atomfragen aus Platznot in ihm untergebracht.

Als der Staatsminister das erste Mal kurz aus dem Fenster schaut, registriert er die Universität und die Hofgartenwiese. Dann vertieft er sich wieder in seine Akten, die er bis zur Lagebesprechung um elf Uhr im Ministerium für Zukunftsfragen, Ökologie und Freizeit durchgearbeitet haben will.

Auf den Fahrer wirkt der Staatsminister äußerst konzentriert, doch das trügt. Seine Gedanken schweifen ab, während er die Akten automatisch durchsieht, was für ihn eine Routinesache ist. Der Staatsminister denkt an Mirna; die Frau fasziniert ihn. Doch sie weist ihn kühl lächelnd ab, und das passiert ihm, der es gewohnt ist, daß Frauen um ihn werben und sich geschmeichelt fühlen, wenn er auf sie eingeht. Ärgerlich versucht er die Gedanken an Mirna wegzuschieben. Es gelingt ihm nicht, obwohl sein Verdrängungsmechanismus sonst immer gut funktioniert. Er denkt an ihre losen Reden, ihre spitze Zunge. Beides stößt ihn ab. Er mag es überhaupt nicht, daß sie im Umgang mit ihm jeglichen Respekt beiseite läßt. Sie behandelt mich, als sei ich ein Mensch wie alle anderen, dabei bin ich in Bonn der Mann, der die Fäden in der Hand hält, und Tausende sind von mir abhängig. Er blickt kurz auf, sieht die Beethovenhalle links unter der Brücke liegen und weiß, daß sie wenige Minuten später im Ministerium ankommen werden, das am Ende des Stadtteils Beuel liegt.

Nun fahren sie durch die geöffneten Schranken. Die Wachen salutieren, weichen zur Seite. Der Staatsminister erwidert den Gruß, hebt die rechte Hand in Stirnhöhe.

Nach der Lagebesprechung ruft er Mirna an. Die ist erstaunt: »Sie, Herr Staatsminister…?«

»Ich nutze nur eine Gesprächspause, um Ihre Stimme zu hören. Was machen Sie heute abend?«

»Den verbringe ich mit meinen Kindern.«

»Das hätte ich nicht gedacht. Sie sehen überhaupt nicht wie eine Mutter aus. Wie machen Sie das, Beruf und Kinder?«

»Das verrate ich nicht.«

»Was halten Sie davon, wenn ich Sie heute abend besuche? Ich könnte hier um neun weg und wäre etwa um halb zehn bei Ihnen.«

»Ich möchte noch vor Mitternacht ins Bett.«

»Ihre Offenheit ist wieder einmal beachtlich, aber eineinhalb Stunden sind besser als nichts.«

Mirna wohnt mit Sohn und Tochter in einem Landhaus in einem großen Garten voller Obstbäume, von einer hohen Hecke geschützt. Das Besondere ist die Umgebung. Das Haus steht in einer Kiesgrube im Industriegebiet von Remagen, an der IC-Bahnstrecke Bonn–Koblenz–Frankfurt. Der Kiesgrubenbesitzer hatte sich das luxuriöse Haus mit Schwimmbad und Sauna in sein Arbeitsgebiet hineingebaut. Es ist umgeben von kleinen

Baggerseen, in denen es Karpfen gibt und Forellen. Peter hat sich eine Angel gekauft und sitzt viele Stunden am Teich, und manchmal fängt er einen Fisch. Den bringt er abwechselnd nach Hause und dem Kiesgrubenbesitzer.

In die Schule fahren sie mit dem Eilzug von Remagen nach Bad Godesberg. Mirna bringt sie morgens um sieben Uhr zum Bahnhof. Mittags treffen sie sich manchmal zum Essen im Presseclub in der Stadt. Die Hausaufgaben machen beide in Silentium im Gymnasium. Am späten Nachmittag fahren sie wieder mit dem Eilzug zurück nach Remagen. Die Kinder sind der Grund, weshalb Mirna den Besuch von Abendveranstaltungen und Empfängen auf das Notwendigste beschränkt. Sie lädt die Menschen, die sie als Gesprächspartner interessieren, nach Hause ein und kocht für sie. An ihrem Tisch treffen sich Künstler, Wissenschaftler, Politiker und Industrielle. Sie genießt die Gespräche mit ihnen oder hört einfach nur zu. Irgendwann erfährt sie, daß die Leute sagen: »Sie führt einen Salon.« Das gefällt ihr.

Der Staatsminister kommt pünktlich und ohne Fahrer. Auf dem Wagen ein Frankfurter Nummernschild. Sie begreift die Sicherheitslage. Sie weiß auch, was es bedeutet, wenn ein männliches Regierungsmitglied alleine vorfährt. Und sie hat einen Plan, mit dem sie ihn nötigenfalls ablenken wird. Heute ist sie vorbereitet.

Mirna begrüßt ihn mit einer gewissen zurückhaltenden Freundlichkeit. Er deutet einen Handkuß an: »Ich hätte nicht gedacht, daß Sie in einer Kiesgrube wohnen und es hier so exklusiv sein könnte. Fürchten Sie sich nicht in dieser Einsamkeit?«

»Wenn ich Angst hätte, würde ich hier nicht leben.«

Sie führt ihn ins Haus. Er setzt sich in einen Sessel, den er an den Kamin rückt, in dem Holz aufgeschichtet ist.

»Schnaps kann ich Ihnen nicht anbieten, aber einen trockenen Weißwein vielleicht?«

»Haben Sie einen Müller-Thurgau?«

»Ja.«

»Das ist meine Hausmarke, erstaunlich, welche Übereinstimmung im Geschmack.« Dann legt Filip Berg etwas Schwarzes, Rechteckiges auf den Tisch. Sie erkennt ein Funksprechgerät. Er zieht die Antenne heraus und erklärt: »Damit mich das Lagezentrum des Ministeriums erreicht.«

Mirna bringt den Wein und in einer provenzalischen Tonschale Blätterteighörnchen, mit Käse und Schinken gefüllt. Außerdem stellt sie eine Kasserolle auf den niedrigen Tisch. Sie nimmt den Deckel ab. Weinblätter mit Reis, Mandeln und Rosinen. Es duftet köstlich. Er ist überrascht.

»Selbstgemacht?«

»Nicht ganz, meine Tochter hat mir geholfen.«

»Der Sohn ist Ihnen wie aus dem Gesicht geschnitten«, sagt er.

Sie stellt ihre Tochter Luisa vor, die gerade ins Zimmer kommt. Luisa denkt nicht daran, den Staatsminister zu begrüßen. Sie holt sich eine Handvoll Hörnchen und verschwindet, während Peter »guten Abend« sagt und höflich fragt: »Mögen Sie Katzen leiden?«

»Ich?« fragt der Staatsminister leicht gedehnt. »Darüber habe ich noch nicht nachgedacht.«

Peter steht auf, geht in sein Zimmer und kommt mit einer schwarzen Kartäuserkatze auf dem Arm zurück.

»Das ist aber ein Prachtstück!«

»Es ist Narziß von Katzenellenbogen. Er hat hellblaue Augen und kann hören.«

»Wirklich erstaunlich.«

»Kartäuserkatzen mit hellblauen Augen sind meistens taub.«

»Habt ihr den edlen Katzenherrn in der Tierhandlung gekauft?«

»Nein. Die Pressesprecherin des Deutschen Industrie- und Handelstages züchtet Kartäuserkatzen. Und einmal nach einem Gesprächstermin fragte sie unsere Mutter, ob sie einige Kisten Katzenfutter, und das waren tiefgefrorene Eintagesküken, abholen und zu ihr nach Hause fahren könnte.« Der Staatsminister schüttelt sich. Peter lacht und spricht weiter: »In ihrer Wohnung sah unsere Mutter die kleine Kartäuserkatze. Sie sprang auf ihren Schoß und blieb sitzen. Mutter verliebte sich in das Tier. Doch das war schon an einen Schweizer Züchter verkauft. Später am Abend erzählte sie uns von der Katze. Am nächsten Tag fuhren wir zusammen hin. Wir waren auch sofort verliebt.

Wir haben fast eintausend Mark für sie bezahlt. Ich habe zwei Ohren von meinem Taschengeld gekauft und Luisa die Nase.«

Der Staatsminister nimmt seine Brille ab, legt sie auf den Tisch. Aus seinen Augen ist die Härte verschwunden. Peter setzt ihm die Katze auf den Schoß. Einen Augenblick sieht Filip Berg verblüfft aus, doch dann fängt er sich, krault die Katze unterm Kinn, bis sie schnurrt. Lachend stellt er fest, daß er voll schwarzer Haare ist.

Mirna hat inzwischen das Feuer im Kamin angezündet. Sie legt eine Schallplatte auf, Wiener Kaffeehausmusik. Filip Berg genießt die Atmosphäre, er wirkt entspannt. Mirna sagt: »Ohne Brille gefallen Sie mir besser, das Chromgestell zerschlägt Ihre Augen.« Er sagt nichts. Aber er läßt den ganzen Abend die Brille auf dem Tisch liegen. Er fühlt sich wohl hier. Zwar ist ihre Welt nicht die seine, aber ihm gefällt ihr Stil, die alten Möbel, die vielen Bücher.

»Haben Sie die alle gelesen?«

»Sie stellen vielleicht komische Fragen.«

Sie schenkt ihm noch ein Glas Wein ein, Peter verabschiedet sich. Mirna entschuldigt sich für einen Augenblick und bringt ihn in sein Zimmer. Dann geht sie noch zu Luisa. Die fragt: »Was willst du mit diesem Großvater?« Mirna antwortet: »Ich will nichts von ihm. Er besucht uns, weil er einsam ist. Kein Grund zur Eifersucht.« Luisa erwidert: »Aber er ist uralt.« Mirna gibt ihr einen Kuß und sagt nachdenklich: »Alt ist man, wenn die Vergangenheit wichtiger ist als die Zukunft, und diesen Eindruck macht er mir nicht.«

»Aber er ist viel älter als du...«

»Etwas über zwanzig Jahre, eine Generation, das hat heute jedoch keine Bedeutung. Was mich jedoch leicht irritiert, ist, daß er ohne Brille ein wenig so aussieht wie mein Vater, wie dein Großvater. Schlaf nun schön und mach dir keine Gedanken über das Alter.«

Als Mirna die Bibliothek betritt, steht Filip Berg vor dem Kamin, er legt Holz aufs Feuer. Sie lächelt. Er geht auf sie zu, nimmt sie in seine Arme. Sie hört, wie wild sein Herz pocht.

»Setzen Sie sich zu mir«, sagt er leise, nimmt das Funksprechgerät vom Tisch, legt es neben sich. »Sie sehen gut aus.«

»Ich gebe das Kompliment gerne zurück.«

»Mich erhält die Arbeit jung.«

Sie lacht. Er streichelt ihre Hände.

»Ich möchte Ihre Haut spüren.«

Sie steht abrupt auf, sagt: »Lassen Sie bitte diese Anzüglich-keiten.« Mirna geht zum Kamin, legt Holz nach, dann lehnt sie sich mit dem Rücken an die Wand, sagt: »Manchmal, in gewissen Augenblicken, kommt es vor, daß Sie mich staunen machen. Aber ehrlich, mit Ihren plumpen Anbandelungsversuchen haben Sie keine Chance, bei mir zu landen. Ich werde Ihnen statt dessen nun eine Kurzgeschichte vorlesen.« Sie nimmt das Buch vom Tisch, wohin sie es vorsorglich gelegt hatte, und beginnt zu lesen. Er ist fassungslos. Es ist das erste Mal in seinem Erwachsenenleben, daß ihm vorgelesen wird. Als Mirna zu lesen aufhört, gesteht er sich erstaunt ein, daß die Geschichte für ihn viel zu früh beendet ist. Er würde ihr gerne noch weiter zuhören, aber sie sagt ihm freundlich und bestimmt »gute Nacht« und bringt ihn zum Wagen.

Macht oder Liebe?

Sie kennen sich nun eine Woche. Der Staatsminister telefoniert mehrmals am Tage mit der Rundfunkjournalistin. Er möchte nur, wie er das nennt, zwischen Besuchern und Regierungsgeschäften die Hand nach ihr ausstrecken und ihre Stimme hören. Er ruft auch in der Nacht an, reißt sie aus dem Schlaf. Sie sagt ihm, daß sie das absolut nicht mag. Und er: »Ich kann nicht anders, ich bin verrückt nach Ihrer Stimme.«

In der zweiten Woche landet Filip Berg gegen Abend mit einem Hubschrauber in der Kiesgrube vor Mirnas Haus. Aufgewirbelte Sandfontänen jagen minutenlang einen Sandsturm über den Garten. Peter und Luisa sind begeistert und rennen Filip Berg entgegen. Er sagt ihnen, daß er im Kernkraftwerk Mülheim-Kärlich war und nicht habe widerstehen können, sie zu besuchen. Mirna ist wütend:»Sie kommen mir vor wie ein Pfau, der sein Rad schlägt.«–»Madame, Sie bereiten mir einen unfreundlichen Empfang.«

Während er spricht, legt er seine Stirn in Falten und sieht für Augenblicke richtig bekümmert aus. Mirna rührt das nicht.»Sie sind unmöglich. Es war, als ob ein Sandsturm über uns hinwegfegte.«–»Das tut mir leid«, sagt er, nimmt seine Brille ab, steckt sie in die Jackettasche. Dann fordert er Luisa und Peter auf, mit ihm zum Hubschrauber zu gehen. Dort stellt er sie dem Piloten vor und bittet diesen darum, den beiden alles zu zeigen. Er sagt, daß er in einer halben Stunde wieder zurück sei. Nun schlendert er durch den Garten zurück ins Haus.

Mirna fragt, ob er mit ihr einen Spaziergang zum Rhein machen möchte. Den lehnt er ab und bittet sie statt dessen, Tee zu kochen, wobei er helfen möchte. In der Küche steht er neben ihr, schaut sich suchend um. Sie sagt:»Die Teetassen sind im Geschirrschrank im Zimmer hinter der Bibliothek.« Der Staatsminister geht, und als sie mit dem Tee in die Bibliothek kommt, findet sie den Tisch gedeckt und ein Feuer im Kamin brennen. Filip Berg legt einige Holzscheite nach, und während er das tut, sagt er zu Mirna:»Ich halte es nicht aus, Sie so lange nicht zu sehen. Ich war eine Woche nicht hier und sehnte mich nach Ihnen, den Kindern, der Katze und dem Kaminfeuer.«

»Das ist noch lange kein Grund, daß Sie unangemeldet kommen und uns aus der Luft überfallen.«

»Seien Sie still und nicht so streng und unnahbar. Das mag ich nicht.« Er steht auf, wendet sich ihr zu, reibt seine Hände gegeneinander, spricht weiter:»Ich muß am Wochenende nach Straßburg und am darauffolgenden nach Luxemburg. Es wäre mir eine große Freude, wenn Sie und Ihre Kinder mich begleiten würden. Zudem könnten Sie an dem kleinen europäischen Zukunfts- und Naturschutzgipfel teilnehmen. Sie wären die einzige Journalistin und bekämen Informationen aus erster Hand. Zum anschließenden Empfang sind Sie ebenfalls eingeladen.«

Sie überlegt kurze Zeit, antwortet:»Nach Straßburg könnten wir vielleicht mitkommen.« Er unterbricht sie:»Das wäre wunderbar.«–»Aber am Wochenende darauf sind meine Kinder bei ihrem Vater.« – »Dann kommen Sie eben alleine mit. Wissen Sie eigentlich, daß ich Sie geradezu unglaublich gerne leiden mag?« fragt er. Darauf sie: »Ach Quatsch, Sie mögen sicher viele Frauen, und wahrscheinlich sind Sie sogar verheiratet?« – »Formal ja, aber seit einem guten Dutzend Jahren lebe ich getrennt. Wir haben uns arrangiert, sind Freunde.«

Mirna schenkt ihm Tee ein, nachdenklich sieht sie ihn an, und irgendwann sagt sie leise: »Ich könnte nicht sagen, daß ich Sie mag. Wenn Sie da sind, ist mir, als drückten Sie mich an die Wand. Sie nehmen mir die Luft zum Atmen. Da ist zudem ein Gefühl von Erdrücktwerden. Sie lassen mir keine Zeit, Sie zu vermissen. Sie sind immer irgendwie präsent, und heute fallen Sie fast aufs Hausdach. Respektieren Sie, daß ich mit meinen Kindern weiter so leben will wie bisher, und außerdem werde ich keines Mannes Geliebte, dafür eigne ich mich nicht.«

Er wirkt nachdenklich, als er zu sprechen beginnt: »Ich gebe zu, daß ich anfangs eine Affäre mit Ihnen beginnen wollte. Aber das ist nun anders. Seit ich Sie mit Ihren Kindern erlebe, ist mein Verlangen umgekippt in so etwas wie ein Gefühl von Liebe.« – »Sprechen Sie nicht von Liebe zu mir. Ich kann mir nicht vorstellen, mich in einen harten Machtmenschen zu verlieben. Auf mich wirken Sie eher gefühllos. Damit es zwischen uns keine Mißverständnisse gibt, sollen Sie wissen, daß Sie absolut nicht mein Typ sind. Ich habe viel über Sie nachgedacht und möchte Sie mit meiner Offenheit nicht verletzen. In Bonn heißt es, daß niemand in der ganzen Bundesregierung so hart und grausam sein kann wie Sie. Ich habe Sie beobachtet, Sie können sich weder an etwas freuen noch für etwas begeistern, und wenn Sie Charisma besitzen sollten, so erreicht es mich jedenfalls nicht. Es fehlt Ihnen vor allem im Umgang mit Menschen die Gabe der Motivation. Sie machen nicht einmal den Versuch, die Stärke der anderen herauszufinden, Sie interessiert vielmehr deren Schwäche. Und haben Sie diese endlich entdeckt, dann üben Sie Druck aus. Als geradezu abscheulich empfinde ich Ihre nächtlichen Kontrollanrufe. Ich traue Ihnen durchaus Beobachtungsmanöver zu. Außerdem beschleicht mich manchmal so ein diffuses Gefühl von Angst. – Ich frage Sie, kann man einen vor Kälte geradezu klirrenden Machtmenschen wirklich lieben? – Hinzu kommt, daß Sie soviel älter sind. Sie könnten mein Vater sein, wobei schlimm ist, daß Sie ihm auch noch ähnlich sehen, was mich geradezu blockiert, denn die Beziehung zu ihm ist schwer belastet. Herr Berg, mein Interesse für Sie ist rein beruflicher Art, ich will Sie nicht täuschen.«

Der Staatsminister sieht aus dem Fenster, nach einiger Zeit sagt er:»Ihre offene Direktheit ist scheußlich verletzend. Ob Sie wollen oder nicht, Sie müssen wissen, daß ich Sie liebe. Ich kann warten. Es ist das erste Mal in meinem Leben, daß ich eine Frau liebe. Ich habe mir dieses Gefühl nie erlaubt.« Mirna Palm geht ein paar Schritte in ihrer Bibliothek auf und ab, leise erwidert sie:»Ich muß Sie korrigieren, Sie verwechseln möglicherweise Liebe mit Begehren.«

Einige Tage später weist der Kiesgrubenbesitzer Mirna darauf hin, daß seine Kiesgrube kein Hubschrauberlandeplatz sei. Deshalb landet der Staatsminister nun auf einer Wiese am Rhein. Er kommt diesmal offiziell und in Begleitung der Remagener Landespolizei, die Landung und Start bewacht und seinen Wagen mit Motorrädern eskortiert. Die Journalistin vermutet, daß Filip Berg seine Macht demonstrieren und ihr imponieren will. Warum hat er das nötig, denkt sie. Peter und Luisa freuen sich, daß sie den Staatsminister, zu dem sie Filip sagen, im Hubschrauber nach Straßburg begleiten dürfen.

Während des Fluges sitzen sie neben ihm, und er erklärt ihnen die Welt, über die sie hinwegfliegen, während Mirna mit Übelkeit kämpft. In Straßburg werden sie wie seine Familie behandelt. Als jemand Mirna mit Frau Berg anspricht, wird sie brüsk: »Ich bin nicht die Frau des Staatsministers, sondern begleite ihn als Journalistin. Da heute Freitag ist, habe ich mir erlaubt, meine Kinder mitzunehmen.« Sein spitzes »Mußte das sein?« überhört sie.

Der kleine Zukunfts- und Naturschutzgipfel findet in einem Hotel im Stadtzentrum statt, in dem sie ebenfalls untergebracht sind. Der Staatsminister übernachtet in einer Suite, während Mirna auf einem separaten Zimmer besteht. Am nächsten Morgen bezahlt sie das Hotelzimmer, er kommentiert:»Mußte das sein?« Später frühstücken sie in seiner Suite. Danach schlendern sie mit ihm durch die Altstadt zum Münster. Auf dem Weg dorthin macht er sie auf die hohen Renaissancehäuser aufmerksam. Besonders auf die Große Metzig, das Frauenhaus und den Neuen Bau von 1585, der einmal das Straßburger Rathaus war und wo nun die Handelskammer untergebracht ist.

Peter und Luisa gehen neben Filip. Er erzählt ihnen, daß der Europarat seit 1949 in Straßburg seinen Sitz hat, berichtet von der alten Bischofsstadt, die 1262 Reichsstadt wurde, und von der Gründung der Universität im Jahre 1621, an der auch Goethe studierte. Er erzählt ihnen über das Schloß Rohan und dessen Bewohner, vor allem jedoch über die Alemannen, die 357 nach Christus von Kaiser Julian besiegt wurden.

Mirna verblüffen seine fundierten Geschichtskenntnisse. Er kommt ihr vor wie ein wandelndes Lexikon, weil er alle Zahlen auswendig weiß. Sie staunt, wie geduldig er die Fragen ihrer Kinder beantwortet. Peter hat sich bei Filip eingehängt, und Luisa läßt es zu, daß Filips Hand auf ihrer Schulter liegt. Während er ihren Kindern das Straßburger Münster zeigt, setzt sie sich auf eine Kirchenbank. Sie schaut zu, wie sich das Licht in den mittelalterlichen Glasmalereien der hohen Kirchenfenster bricht. So findet sie Filip und setzt sich neben sie. »Ihre Kinder sind wunderbar, ich beneide Sie.« – »Haben Sie Kinder?« – »Nein. Ich verzichtete darauf, weil es in meiner Familie Fälle von Schizophrenie gab. Das Risiko war mir zu groß.«

Gegen Mittag spazieren sie durch kopfsteingepflasterte Gassen, vorbei an Fachwerkhäusern, hinunter zur Ill. Dort stehen unter einer alten Platane einfache Holztische und Stühle. Filip sucht einen Tisch direkt am Fluß aus. »Habt ihr Lust auf frischen Zwiebelkuchen und jungen Beaujolais?« Und nach einem strengen Seitenblick zu Mirna: »Ihr seid meine Gäste, daß es Ihnen nicht wieder einfällt zu bezahlen.« – »Jawohl, Herr Staatsminister«, sagt sie freundlich. Dieser nimmt die Brille ab, steckt sie in die Jackentasche seines grauen Nadelstreifenanzugs. Er überatmet sein Gähnen, versucht ein Augenzwinkern, was ihm auf klägliche Weise mißglückt. Peter sagt: »Soll ich es dir mal vormachen?« Mirna kommt es vor, als sehe sie eine Filmsequenz aus dem Märchen vom Eisernen Heinrich. Es ist ihr, als höre sie, daß Teile des Härtepanzers abspringen, mit dem sich Filip Berg umgibt. In Straßburg erlebt sie einen anderen Mann, sie entdeckt den Menschen Filip. Sie sieht das wieder in einem Bild. Es ist ihr, als risse eine asphaltierte Straße und eine Blume wüchse aus ihr heraus.

Filip Berg zieht soeben sein Jackett aus, hängt es über die Stuhllehne, nimmt die Krawatte ab, steckt sie in die Innentasche der Jacke, öffnet die beiden obersten Hemdenknöpfe und krempelt die Ärmel hoch. Er hat seine staatsmännischen Allüren abgelegt und sieht aus wie ein fröhlicher Familienvater. »Habt ihr Lust auf eine Spazierfahrt ins Elsaß?« – »Stark«, sagt Luisa, und »Geil«, sagt Peter. Filip starrt sie verdutzt an. »Sie meinen, das ist eine wunderbare Idee«, erklärt Mirna. »Mit was fahren wir«, fragt Luisa. – »Ich habe hier einen Wagen mit Fahrer zur Verfügung.« – »Es macht aber nur richtigen Spaß, wenn du fährst.«

Das Elsaß im Frühling. Filip fährt sie über kleine Feldwege in mittelalterliche Städtchen und Dörfer. Eine eher unwirkliche Welt mit noch wintergrünen Wiesen und frischgepflügten Äckern. Filip lacht viel, und manchmal erzählt er ein wenig von seiner Arbeit: »Vor zehn Jahren war das Wort Zukunfts- und Naturschutz ein eher bizarrer Begriff. Damals war Franz Bäuerlein zwar noch Bildungsminister, aber böse Zungen behaupteten, er habe keine Ahnung, was der Schutz von Zukunft und Natur bedeutet.« – »Hast du es denn gewußt?« fragt Peter. »Ich hatte den ›Stummen Frühling‹ gelesen. Darin berichtet die Amerikanerin Rachel Carson zum ersten Mal eindringlich von Schäden der Natur und deren Folgen. Und dann kam der Bericht des Club of Rome, ›Grenzen des Wachstums‹ von Dennis Meadows. Ich habe mich damals viel mit diesem Wissenschaftler unterhalten. Ganz langsam begann dann die Auseinandersetzung mit der Natur oder, besser gesagt, ein Bewußtsein für Zukunftsfragen und Naturschutz. Früher hingen über dem Ruhrgebiet braune Rauchschwaden. Die Fische starben im Neckar und Rhein. In den Flüssen konnte man nicht mehr baden. Frankfurt hing im Smog. Es entstanden die ersten lokalen Diskussionen um Umweltprobleme, an denen sich die Bürger beteiligten. Denen folgten Diskussionen mit Naturschutzverbänden in Landes- und Bundesbehörden und wissenschaftlichen Instituten.«

»Darf ich eine Geschichte hinzufügen, die in Bonn erzählt wird?« fragt die Rundfunkjournalistin den Staatsminister. Der nickt lachend, und sie beginnt:»1969 wurde Alban Wander Bundeskanzler. Er machte den Schutz der Natur zur Schwerpunktaufgabe, die auf einer Stufe stehen sollte mit Bildungspolitik, innerer, äußerer und sozialer Sicherheit. In den ersten Novembertagen soll Bildungsminister Bäuerlein zu seinem damaligen Parlamentarischen Staatssekretär gesagt haben:›Wir haben nun die Abteilung Wasser- und Luftreinhaltung aus dem Gesundheitsministerium im Bonner Norden dazubekommen. Die müssen wir uns anschauen.‹ Beide besuchten kurz darauf das neue Referat und fragten die Beamten nach ihren Wünschen. Die hatten nur einen. Sie wollten, daß ihre Abteilung künftig den Namen Referat Zukunft und Naturschutz erhielte. Bäuerlein drehte sich schnell zu seinem Staatssekretär herum und flüsterte ihm fragend zu:›Wissen Sie, was Zukunft und Naturschutz ist?‹ Der Staatssekretär soll gesagt haben:›Ich weiß es auch nicht.‹ – Und wenn ich mich recht erinnere, dann waren Sie das.«

Luisa und Peter lachen und fragen:»Sei ehrlich, Filip, ist das wahr?« – »Es stimmt. Aber ihr dürft das nicht weitersagen, das schadet meinem Ruf. Ich streite das immer ab. Wir haben damals den Beamten ihren Wunsch erfüllt. Dieses Referat wurde später die Wiege des Bundesimmissionsschutzgesetzes. Bäuerlein wollte es damals genau wissen. Es interessierte ihn, ob die Bundesbürger wußten, was Zukunft und Naturschutz heißt und bedeutet. Er ließ sofort eine demoskopische Umfrage starten. Das Ergebnis war, daß fünfundneunzig Prozent der Befragten das Wort weder kannten noch jemals gehört hatten. Wir setzten uns das Ziel, alles zu tun, um die Bürger zukunfts- und naturbewußt zu machen. Das gelang uns binnen eines halben Jahres.«

»Wie hast du das gemacht?« – »Wir richteten am 6. Juli 1970 einen Kabinettsausschuß für Zukunfts- und Naturschutzfragen ein. Am 17. September 1970 verabschiedete die Bundesregierung das Sofortprogramm für den Schutz von Zukunft und Natur. Danach initiierte ich eine Bestandsaufnahme der bis 1970 tatsächlich entstandenen Naturschäden. Heraus kam, daß Baden nur in wenigen natürlichen Gewässern möglich war. Es gab kaum noch Fischbestände; dreiundzwanzig Millionen Bundesbürger hatten zwar biologische Kläranlagen, aber dreizehn Millionen weder Kanalisation noch Kläranlagen. 1969 gab es acht

Millionen Tonnen Kohlenmonoxid, vier Millionen Tonnen Schwefeldioxid, zwei Millionen Tonnen Stickoxide, zwei Millionen Tonnen Kohlenwasserstoff und vier Milliarden Tonnen Staub.«

Peter unterbricht ihn: »Das hast du aber gut drauf. Hast du das alles auswendig gelernt?« – »Ich habe die Zahlen oft vorgetragen, so daß ich sie inzwischen im Schlaf aufsagen kann. Noch einen Satz lang müßt ihr mir zuhören. Das erste Zukunfts- und Naturschutzprogramm verabschiedeten wir im September 1971 mit dem Ziel des Schutzes der Würde des Menschen und der Sicherung seiner elementaren Lebensgrundlagen.«

Peter sagt: »War das eigentlich in der Zeit, in der die Menschen einen blauen Himmel über dem Ruhrgebiet forderten?« Filip staunt: »Das stimmt. Aber woher wißt ihr das?« – »Das erzählte uns Mutter, sie hat manchmal über solche Sachen geschrieben und berichtet.« Und Luisa fährt fort: »Aber wirklich umgedacht haben die Leute erst seit Wiehl und Brokdorf.« Nun ist der Staatsminister wirklich baff.

»Ich dachte«, sagt er nach einer Schrecksekunde, »junge Leute in eurem Alter interessieren sich nur für Mofas, Flipper und Buffalo Bill.« Luisa kontert: »Das zeigt, daß du keine Ahnung davon hast, über was junge Leute sonst noch nachdenken. Nun, wo wir dich kennen, werden wir genau aufpassen, ob du das, was du sagst, auch wirklich tust.«

Sie will sein, die sie ist, und nicht gezähmt werden

Die Rundfunkjournalistin Mirna Palm weiß nicht, ob sie ihr neues Leben mag. Sie ist, seit sie Filip Berg kennenlernte, das erste Wochenende allein. Der Staatsminister fuhr Freitag nach Wiesbaden. Er besucht Ehefrau und Eltern. Mirna fühlt sich schlecht, sie hat Mühe, mit der Stille umzugehen, die sie umgibt.

Luisa und Peter sind bei ihrem Vater. Außer ihr und der Katze ist niemand in dem großen Haus. Noch vor einem Monat war das ihr gewohntes Leben. Mirna denkt nach über die neue Zeit, mit der sie der Staatsminister überfallen hat. Seine vielen Telefonate kann sie nicht einordnen. Er will wissen, was sie macht, berichtet Mirna jedoch von sich, sagt er meist: »Ich werde unterbrochen. Der nächste Besucher. Ein wichtiges Telefonat wurde mir auf die andere Leitung gelegt.«

Sie vermutet, daß er via Telefon versucht, an ihrem Leben teilzunehmen. Aber manchmal kam es ihr auch vor, als überwache er sie. Er wollte immer genau wissen, wo sie wann war. Ging sie mit Freunden ins Theater oder ins Kino, holte er sie ab. Hatte sie Verabredungen zum Abendessen, kam er irgendwann dazu. Einmal begleitete er sie in die Oper und schlief fast sofort ein.

Vorgestern rief sie der Staatsminister gegen Mitternacht an. Es sei nichts Besonderes, er wolle nur wissen, was sie gerade mache. Mirna erwiderte: »Sie wissen, daß ich es nicht mag, wenn Sie um diese Zeit anrufen. Ich brauche Ruhe, um mich auf ein Rundfunkgespräch mit Bundeskanzler Alban Wander über den Nord-Süd-Dialog vorzubereiten. Ich werde ihn nächste Woche auf eine Wahlreise in seinem Sonderzug begleiten.« Filip unterbrach sie: »Ihre Stimme macht mich wahnsinnig. Ich muß aufhören zu telefonieren, sonst zerbeiße ich das Telefonkabel.« Darauf erwiderte sie spitz: »Ich schenke Ihnen nächstens einen Beißring aus Elfenbein.« Dann machte es klick. Das Telefongespräch war beendet. Er hatte aufgelegt und rief auch nicht mehr an.

Am nächsten Abend, das war gestern, besuchte sie der Staatsminister. Es irritiert ihn sehr, als er neben seinem Weinglas einen Beißring aus Elfenbein liegen sieht. Mirna sagt: »Den habe ich noch aus der Zeit, als meine Kinder Babys waren.« Filip muß nun doch lachen. Er setzt sich in ihren Sessel vor den Kamin. Er bleibt nicht lange und verabschiedet sich fürs Wochenende bis zum Montag.

Mirna sitzt nun in einem Sessel am Fenster, sie hat den Kopf in beide Hände gestützt. Sie schaut zu, wie die Regentropfen an den Scheiben herunterlaufen. Es ist Sonntag morgen. Die Stille wird unterbrochen von den manchmal vorbeirasenden Zügen. Sie erkennt die unterschiedlichen Tonlagen und kann unterscheiden, ob es ein Intercity ist, ein Eilzug oder ein Güterzug, der hinter der Kiesgrube vorbeifährt. Sie mag dieses Geräusch der das Land durcheilenden Züge.

Sie denkt an Filip Berg. Am Donnerstag abend war er da. Er saß in ihrem Sessel am Fenster, schaute hinaus und den Wolken zu und dem Licht und der Sonne, wie sie hinter die Bäume fiel. Er sagte:»Den ersten warmen Frühlingsabend möchte ich hier verbringen.«

Und sie sieht ihn nun, wie er da sitzt, wo er immer sitzt. Und denkt: Für den Staatsminister habe ich nicht mehr als ein berufliches Interesse. Aber manchmal, in gewissen Augenblicken, wenn er seine kaltknisternde Machthülle abgelegt hat und für eine kleine Zeit zum Menschen Filip Berg wird, dann spüre ich so etwas wie Sympathie für ihn. – Ob er im Herbst, wenn das Laub bunt ist und an den Bäumen Spinnweben zwischen den Zweigen seidig schimmern, auch noch Abende hier verbringen wird und durch diesen Garten schlendert? Was wird im Winter sein, wenn die Nächte lang und die Tage kurz werden? Wird er mit mir noch in der Nacht hinunter zum Fluß laufen? Die Gräser in den Wiesen sind dann weiß vom Rauhreif. Auf den Äckern sitzen schwarze Raben zusammengekauert da, und vielleicht bleiben die Schiffe im Eis stecken.

Mirna steht auf, sie geht die wenigen Schritte zu ihrem Schreibtisch, nimmt ein Blatt Papier und einen Bleistift. Sie ordnet ihre Gedanken beim Schreiben: Luxemburg. Das waren Tage, ausgefüllt mit Gesprächen über Zukunft und Naturschutzpolitik. Wir saßen in kleinen Kaffeehäusern und diskutierten bis spät in die Nacht. Sein Sachwissen ist erstaunlich. Ich kann viel von ihm lernen. Es gibt Fotos, die ich von ihm in einem Park machte, über dem die Oberstadt wie eine Festung ansteigt und das großherzogliche Schloß fast an den Himmel stößt.

Draußen ruft ein Kuckuck. Die Katze streicht um meine Beine. Vor einer Woche haben die Pappeln Blätter bekommen.

Nun flattern sie im Wind und tragen einen Perlmuttschimmer. Es ist noch früh am Morgen. Vom Himmel hängen Nebelschwaden.

Ich möchte mich dem Regen auftun oder der Sonne zuneigen,

die Nacht einatmen. Ich will leben. Er nennt mich Stacheligel. Und ich weiß nicht, ob ich das mag.

Über dem Berg ein Lichtstreifen. Ob die Sonne noch kommt? Vor mir auf dem Schreibtisch ein Foto von ihm. Eins seiner vielen Gesichter? Doch dies hier ist nicht der eiskalte und mächtige Staatsminister, sondern der Mensch Filip Berg. Er wirkt offen und entspannt. Ihm gefällt sein Bild nicht. »Es ist nur ein Foto«, hat er gesagt.

Ich denke an ihn und ertappe mich dabei, daß ich auf seinen Anruf warte. Und eigentlich finde ich das nicht gut. Warum nur sagt er, ich sei unberechenbar und ein Paradiesvogel? Meine Freunde tut er als subtropische Gesellschaft ab. Wenn ich mich zum Tanzen verabredet habe oder ein Freund hier übernachten will, verdunkeln Schatten sein Gesicht. Er sagt, daß er meine Selbständigkeit und Unabhängigkeit schätzt und respektiert, aber er handelt nicht danach. Es gibt da eine gewisse Differenz zwischen dem, was er sagt, und dem, was er tut. Und manchmal habe ich den Eindruck, daß er auf subtile Weise einen Ahängigkeitsprozeß einfädelt. Ich bin auf der Hut. Ich will sein, die ich bin, und nicht von ihm gezähmt werden.

In Wiesbaden, in seinem Reihenhaus, hat Filip Berg Schwierigkeiten mit seinem gewohnten Leben. Mirnas Welt empfindet er als aufregender und bunter. Wo Filip auch hinsieht, er stellt Vergleiche an. Vor einem Monat wäre er nicht auf die Idee gekommen, sein Zuhause als bieder anzusehen. Er vergräbt sich in die Aktenlage, denn es gibt viel nachzuarbeiten. Trotzdem verfällt er immer wieder ins Grübeln, ärgerlicherweise funktioniert sein Verdrängungsmechanismus nicht wie sonst. Er denkt: Ich verstand es doch bislang, keine Gefühle zuzulassen. Es beunruhigt mich, was in mir vorgeht. Mirna wird mir langsam gefährlich, denn ich fange an, ihre kleinen Gesten zu lieben und die Art, wie sie sich bewegt. Ich mag ihr schmales, markantes Gesicht mit den etwas schrägstehenden grünen Augen, über denen manchmal ein Bernsteinschimmer liegt. Ich vermisse ihren Röntgenblick und die Nachdenklichkeit, mit der sie Fragen stellt. Mein Herz zieht mich zu ihr, aber mein Verstand warnt mich vor ihr, denn Empfindungen schwächen die Macht. Ich wünschte, es wäre möglich, aus dem Regierungsgeschäft auszubrechen, diesem Käfig von Zwängen, Rücksichtnahmen und Pflichten. Hin und wieder wäre ich gerne eine Privatperson, aber der Preis hieße Verzicht auf Macht und das hohe Ansehen meines Amtes.

Hast du gesehn,
daß die Magnolien blühn?

Sie reisen nach Brüssel und Paris. Sie nehmen Luisa und Peter mit. Sie fahren mit dem Auto ohne Fahrer. Filip sitzt am Steuer. Ein Frühlingstag, wie er schöner nicht sein kann, weitflächig gelbblühende Rapsfelder begleiten die Autobahn. Manchmal Habichte in der Luft. Obstbäume blühen. In den Wiesen Löwenzahn und Inseln von rotem Mohn. Sie fahren in Richtung Brüssel-Zentrum. Am Rondell Schuman rechts das Kommissionsgebäude der Europäischen Gemeinschaft. Filip biegt nun in die Rue de la Loi, fädelt sich in den vierspurigen Verkehr ein, der hinunter in die Stadt rollt. Sie steigen im Hotel Pullman ab. Mirna besteht weiter auf getrennten Zimmern. Filip hat Mühe, seinen Zorn zu unterdrücken. Die Zimmer bezeichnet sie als verstaubte Pracht. Es gefällt ihr hier nicht, und Filip spottet: »Sie sind eine Femme de Luxe.« Mirna erwidert gelassen: »Es ist selbstverdienter Luxus, Herr Staatsminister.« Und er nachdenklich: »Daran muß ich mich erst gewöhnen.« Er küßt sie auf die Stirn, sagt: »Sie haben ein gutes Parfüm. Ich lasse Sie nun etwa zwei Stunden allein. Sie können sich ausruhen und dann schön machen für mich.« Mirna unterbricht ihn gereizt: »Ich bin schön und brauche mich nicht schön zu machen und schon gar nicht für Sie. Ich will Ihnen weder gefallen noch sonst etwas.« Der Staatsminister kontert: »Frau Journalistin, Sie sind einfach unmöglich. Trotzdem gehen wir heute abend mit Ihren Kindern in eins der Fischrestaurants in der Nähe der Grande Place.«

Filip muß zu einer Konferenz, Mirna geht in ihr Hotelzimmer

und legt sich aufs Bett. Sie ist müde und schläft bald ein. Sie hört zunächst nicht, daß Luisa und Peter ins Zimmer kommen und leise miteinander reden. Irgendwann wird sie wach, schaut ihnen unter halbgeöffneten Lidern zu. Luisa steht vor Peter, und der kniet vor ihr. Luisa sagt:»Wir spielen Staatsminister«, dann geht sie langsam rückwärts bis ans Ende des Zimmers. Peter kniet weiter. Luisa befiehlt:»Robben.« Peter wirft sich auf den Fußboden, kriecht zu ihr, steht auf, verbeugt sich, schlägt die Hacken zusammen und sagt:»Jawohl, Herr Staatsminister.« Mirna staunt über den kritischen Blick ihrer Kinder.

Am nächsten Tag fahren sie mit Filip über Verdun nach Paris. Er erzählt von den Schlachten, die hier im Ersten und Zweiten Weltkrieg ausgekämpft wurden. Peter unterbricht ihn:»Krieg interessiert mich nicht, ich will den Militärdienst verweigern.« Filip wird streng:»Du hast als Mann Pflichten diesem Staat gegenüber und solltest so etwas nicht tun.«

»Ich kann weder auf Menschen schießen, noch habe ich Lust, gedrillt zu werden und Befehle entgegenzunehmen.« Filip wirft Mirna einen eisigen Blick zu und wendet sich wieder an ihre Kinder:»Ihr jungen Leute habt heute kein Pflichtgefühl mehr. Ich war siebzehn, als ich Soldat wurde und das Vaterland verteidigte. Ein Soldat kennt nur die Pflicht. Lust und Furcht kommen in seinem Leben nicht vor.« Peter unterbricht ihn:»Filip, hör auf, du bist unerträglich. Nun werde ich erst recht nicht Soldat.« Filip erwidert schneidend:»Du bist verweichlicht erzogen, eine harte Ausbildung ist genau das, was dir fehlt. Du müßtest erst einmal Gehorsam lernen.« – »Ich lehne den militärischen Drill ab. Das ist unmenschlich. Auf die kleinsten Übertretungen stehen schwere Strafen. Ich habe keine Lust, geschunden zu werden.«

»Wenn du damit auf das Exerzieren anspielst, liegst du völlig falsch. Der Soldat wird dadurch an Bewegungen gewöhnt, die er mit den anderen zusammen ausführt. Sie haben bei allen auf genau dieselbe Weise zu geschehen. Es geht dabei um eine Art von Präzision.« – »Filip, es ist Scheiße, wie du sprichst!« Filips Gesicht versteinert, erstarrt. Peter boxt ihn leicht in den Bauch:»Ich ertrage nicht, wie du redest. Du mußt akzeptieren, daß ich anders denke. Ich bin über vierzig Jahre jünger.« – »Du bist respektlos.«–»Nein. Ich sage, was ich denke, und das bist du nicht gewohnt.« Mirna fällt ihm ins Wort:»Filip hat andere Werte als ihr, ich bitte euch, daß ihr ihn, so wie er ist, respektiert.«

Sie fahren weiter nach Paris. Sie schweigen. Mirna legt ihre Hand auf Filips Schulter. Es dauert lange, bis sich seine Starre löst und um seinen Mund ein leichtes Lächeln entsteht. In Paris bringen sie Luisa und Peter zu Mirnas Freunden. Markus baut den französischen Schnellen Brüter, den Superphénix. Seine Frau Sarah hat ein schlichtes kaltes Abendessen vorbereitet.

Am nächsten Tag konferiert Filip mit den Franzosen über europäische Zukunfts- und Naturschutzprojekte. Es geht um die Höhe der Schadstoffemissionen, die der deutsche Staatsminister über die Grenzen hinweg einheitlich gestalten und regeln will, sowie den konkreten Erlaß einer Richtlinie über Qualitätsziele für Schwefeldioxid und Schwebeteilchen in der Luft. Außerdem um die Senkung der KFZ-Abgas- und Geräuschwerte. Die Gespräche in Frankreich sind zur Vorbereitung Brüsseler Entscheidungen wichtig geworden, weil durch das Einstimmigkeitsprinzip der EG jeder Mitgliedstaat mit seinem Veto notwendige Naturschutzmaßnahmen verhindern oder verzögern kann.

Abends begleitet die Rundfunkjournalistin den Staatsminister in die Residenz des Deutschen Botschafters zum Abendessen und zu Empfängen. Filip zeigt ihr das Nachtleben von Paris. Sie gehen in Le Hourse, die berühmte Nachtbar. Dort treffen sie zwei deutsche Bundestagsabgeordnete, die an ihren Tisch kommen und fragen, ob sie sich zu ihnen setzen können. Filip paßt das nicht, er wäre lieber mit Mirna allein. Aber höflich, wie er ist, sagt er freundlich:»Es ist mir ein Vergnügen.« Als sich später die MdBs ganz selbstverständlich ihre Rechnung vom Staatsminister bezahlen lassen, zischt der Mirna ins Ohr:»Diese Schmarotzer mit ihren hohen Bezügen.«

Hier in Paris, im Nobelhotel Camargue, an den Champs-Elysées hat sich Filip Berg vorgenommen, Mirna zu verführen, und sich eine Strategie überlegt. Er vertraut auf das romantische Ambiente des Hotels und seine Erfahrung. Sie wohnen in einer Suite, von der aus es einen schönen Blick auf die Stadt gibt.

Es geschieht im Camargue, in einem eleganten Schlafzimmer,

dessen Wände mit altroséfarbener Seide bezogen sind. Mirna erlebt Filip als erfahrenen Liebhaber. Irgendwann in jener Nacht war es ihr, als ob sich über ihren Körper ein Netz erotischer Verbindungen auszubreiten beginne. Da schwebte Mirna eine kleine Zeit über der Welt. Daraus riß sie Filip Berg, indem er bemerkte: »Hätte ich das heute nicht gebracht, hätte ich es niemals geschafft.« Auf diese Weise findet Mirna abrupt auf die Welt zurück. Sie wendet sich von ihm ab und dreht ihr Gesicht zur Wand. »Habe ich einen Fauxpas begangen?« fragt Filip leicht irritiert. Mirna schweigt. Sie ist zu stolz, ihm ihre Verletzung zu zeigen. Als sie ihre Fassung wiedergefunden hat, sagt sie kaum hörbar: »Ich bin trauriger als traurig. Wie bringst du es fertig, den Akt der Liebe als strategisches Ereignis zu planen und durchzuführen?«

»Da du vor allem aus Kopf bestehst, mußte mir erst mal was einfallen, um deinen Geist zu verführen. Aber eins ist sicher. Ich werde dich für alle Männer verderben, nach mir kommt keiner mehr.« – »Das wird dir niemals gelingen.« Mirna steht auf, schlüpft in ein weiches, langes Kleid. Nach einiger Zeit sagt sie leise und mehr zu sich: »Ich sehne mich nach Zärtlichkeit und Liebe, aber bei mir hinterlassen auch die raffiniertesten Techniken des Sexualaktes eher ein miserables Gefühl. Ein solcher Liebesakt kann nur für Augenblicke die Kluft zwischen zwei Menschen überbrücken. Ich sehne mich vielmehr nach Nähe und dem Erleben von Einheit und bin davon überzeugt, daß die wirkliche Liebe Geist und Körper erfaßt. Sie ist ein schöpferisches Ereignis, eine fundamentale Leidenschaft. Die Liebe ist eine aktive Kraft, sie kann Dämme einreißen und Berge versetzen. Das steht schon in der Bibel.«

Mirna geht ans Fenster. Sie zieht die Vorhänge auf und schaut hinab auf die erleuchtete Stadt. Dann geht sie aus dem Zimmer in den anschließenden Wohnraum und holt aus dem Kühlschrank eine Flasche Wein und zwei Gläser. Sie kommt zurück und gibt Filip die Flasche zum Öffnen. Nun gießt sie den Wein in zwei Gläser und reicht ihm eins. Sie holt einen Stuhl, trägt ihn zum Fenster und setzt sich, sie trinkt in kleinen Schlucken und schaut dabei hinab auf Paris. Nach einer längeren Zeit fragt Filip: »An was denkst du?«

»An die vielen Philosophen, die über die Liebe nachgedacht und geschrieben haben, wie beispielsweise Erich Fromm. Er sieht im Akt der Vereinigung die Möglichkeit, einander im Erleben von Einheit zu erkennen. Im Akt der Liebe, in der Hingabe kann man sich und den anderen finden und entdecken. Das ist mein Traum von der Liebe. Ich möchte entweder alles oder nichts. Ich habe nicht den Vater meiner Kinder verlassen, um erneut zum Objekt sexueller Lust zu werden. Aber das ist eine andere Geschichte.«

Mirna Palm ist, während sie sprach, aufgestanden. Sie wartet Filips Antwort nicht ab. Sie geht in ihr Zimmer, auf dem sie bestanden hatte und weiter bestehen würde.

Am anderen Morgen steht sie früh auf und macht einen Spaziergang durch Paris. Sie läuft in Gedanken versunken zum Montmartre hinauf und setzt sich dort auf eine Bank. Sie läßt ihr bisheriges Leben an sich vorbeiziehen. Eine Kindheit ohne Mutter, Liebe und Zärtlichkeit. Sie ist viel geschlagen worden. Sie war nicht wie die anderen und sollte doch so sein. Aber sie konnte sich nicht anpassen. Sie spürte immer diese schmerzliche Sehnsucht nach Liebe, Geborgenheit und Wärme.

Sie war unvorbereitet, als sie Sexualität erstmals erlebte, und erschrak. Einige Jahre später heiratete sie. Der sexuelle Akt wurde in der Hochzeitsnacht zum traumatischen Ereignis, das sich fortsetzte. Dann kam die Zeit, in der sie die ehelichen Pflichten geradezu erschaudern ließen. Sie vertraute sich einer Ärztin an; die verordnete ihr Beruhigungstabletten und ein Glas Sekt vor dem abendlichen Sexbegehren des Ehemannes. Mirna kam sich vor wie eine hilflose Kreatur und empfand sich als Lustobjekt. Sie war ständig schwanger, hatte eine Fehlgeburt nach der anderen und gebar schließlich zwei Kinder.

Dann begann die Zeit, in der sie das ständige Sexbegehren ihres Mannes nicht mehr ertrug. Sie verweigerte sich. Sie nahm es hin, daß sie geschlagen wurde. – Irgendwann beschloß sie, den Vater ihrer Kinder zu verlassen und nach Bonn zu gehen.

Dort waren die ersten Jahre als Journalistin bitterhart. Mirna konzentrierte sich auf ihre Arbeit, auf ihre Kinder und arbeitete jahrelang Tag und Nacht. Sie schlief höchstens vier Stunden. Mirna hatte Erfolg, ihre Arbeit wurde anerkannt. Sie machte

Karriere, verzichtete bewußt auf eine neue Beziehung, weil sie sich vor Sex fürchtet.

Manchmal träumt Mirna noch von der großen Liebe. – Etwas davon hatte sie in der vergangenen Nacht erlebt. Doch die Strategie, die dahinter stand, verschloß sie. Mirna denkt, ich möchte die Liebe erleben oder gar nichts. Auf Sex habe ich keine Lust.

Sie steht auf, geht denselben Weg zurück ins Hotel, dabei sieht sie, daß in den Parkanlagen die Magnolienbäume ihre Blüten aufgesteckt haben. Sie bricht einen Zweig ab. Gegen Mittag kommt sie zurück ins Hotel. Filip schläft noch. Sie schaut ihn nachdenklich an und fragt sich, ob Filip sich möglicherweise zu dem Menschen entwickeln kann, mit dem sie ihren Traum von der Liebe vielleicht leben könnte. – Mirna weckt ihn vorsichtig auf, indem sie leise seinen Namen ruft, und legt ihm den Zweig Magnolienblüten aufs Bett. »Du warst schon in der Stadt?« Mirna lächelt leise: »Schon ist gut. Schau auf die Uhr, es ist bereits zwölf vorbei.« Aber Filip hat keine Lust aufzustehen: »Komm zu mir«, sagt er schmeichelnd, und sie: »Ich mag nicht. Ich möchte mit dir an der Seine spazierengehen.« Plötzlich wird Filip ernst: »Die Seine wird es immer geben, und du kannst noch viel an ihr spazierengehen. Aber in meinem Arm liegen in Paris, das gibt es nur heute.« – »Filip, das ist doch Unsinn. Ich möchte nicht in dein Bett.« Sie zieht die Vorhänge auf. Nun scheint die Sonne Filip voll ins Gesicht. Mirna ruft den Zimmerservice an und bestellt das Frühstück. Danach fährt Filip Berg nach Bonn zurück.

Mirna bleibt noch einige Tage bei ihrer Freundin in Paris. Sie schreibt Filip einen Brief: »Es hat sich hier manches verändert in mir. Ob Du dies jemals ganz begreifen wirst, weiß ich nicht. Du bist in Bonn, aber Dein Streicheln liegt noch auf meiner Haut. Wie zärtlich Du sein kannst, wenn es in Deine strategischen Liebesspiele paßt und Du Deinen Härtepanzer abgelegt hast. Ich gestehe, daß ich unter einem Gefühl von Mißtrauen leide und trotz unserer neuen Nähe weiter auf Distanz bedacht sein muß. Ich kann mir nicht vorstellen, daß ich den Staatsminister jemals lieben werde. Aber es ist beglückend, den Menschen Filip zu entdecken.«

In Paris kaufte sich Mirna bei Rodier eine leuchtendrote Seidenbluse und ein extravagantes schwarzes Kostüm. Als sie Filip im Bonner Presseclub zum Abendessen trifft, trägt sie ihre neue Eleganz. Die Überraschung ist geglückt, er sagt: »Kompliment, du gefällst mir. Endlich siehst du so aus wie alle Frauen und nicht wie ein Blumenmädchen. Du hättest es leichter in Bonn, wenn du dich an elegante Kleider gewöhnen könntest.«

Die Grenzen werden abgesteckt

Mirna steht in der Küche und schält Kartoffeln. Sie hört ein Auto, schaut aus dem Fenster, sieht Filip mit Chauffeur vorfahren. Sie traut ihren Augen nicht, Filip kommt mit zwei großen Koffern aufs Haus zu. Sie geht ihm entgegen. In der Diele begegnen sie sich. Er sagt »Hallo« und schleppt die Koffer in ihr Schlafzimmer. Mirna geht ihm nach und sieht, wie Filip ihren Kleiderschrank aufmacht, ihre Garderobe zusammenschiebt, einen Koffer öffnet und seine Anzüge an die freigewordene Stelle in den Schrank hängt. Mirna ist fassungslos, sie fragt: »Was fällt dir ein?« Er antwortet fröhlich: »Wie du siehst, bin ich soeben bei dir eingezogen.« – »Du gehst zu weit.« – »Nein, denn ich möchte mit dir leben. Ich habe keine Zeit mehr zu verlieren in meinem Alter.«

Mirna zwingt sich dazu, ihn ruhig anzusehen. Filip hält ihren Blick aus. Sie sagt nichts, geht aus der Tür, kommt mit einer alten Hebammentasche zurück. Sie nimmt Wäsche und Kleider aus dem Schrank, legt sie in ihre Tasche. Aus dem Badezimmer holt sie Waschzeug und Kosmetiksachen. Kaum hörbar sagt sie: »Du bist unverschämt. Du hättest mich wenigstens fragen können. So nicht, das ist unmöglich. Ich fahre ins AFR-Studio, und wenn du wieder ausgezogen bist, komme ich zurück.«

»Mirna, du bist einfach unberechenbar. Ich dachte, daß du dich über meinen Einzug freust.« Mirna erwidert: »Im Gegenteil, ich bin geschockt, diese Attacke geht mir zu weit.« – »Was

37

wird aus deinen Kindern?« Sie erwidert, während sie das Haus verläßt: »Sie sind alt genug, seht zu, wie ihr zurechtkommt.« Wenig später fährt sie in ihrem alten Landrover nach Bonn.

Mirna könnte schreien vor Wut. Sie hat Mühe, sich auf den Verkehr zu konzentrieren. Im Studio zieht sie sich ins Besucherzimmer zurück. Sie denkt nach und kommt zu dem Schluß, daß es das beste ist, wenn sie sich zur Arbeit zwingt und damit abzulenken versucht. Sie will und muß das Stundenfeature über Harrisburg und den US-Reaktorunfall von Three Mile Island schnittfertig machen. Dort war am 28. März 1979 kurz nach vier Uhr morgens die Katastrophe ausgebrochen, die fast zur Kernschmelze geführt hätte, zum Supergau, dem größten anzunehmenden Unfall. Zwar sind Ende Mai die Aufregungen schon abgeklungen, aber der Sender will den Hergang des Unfalls protokollieren, da die gleichen Druckwasserreaktoren in der Bundesrepublik Deutschland stehen.

Nun liegen die Bänder mit den Originaltönen vor Mirna auf dem Schreibtisch. Sie nimmt sie, geht in ein Tonstudio und hört sie ab. Doch sie ist unkonzentriert. Immer wieder schieben sich andere Bilder vor den Text. Trotzdem versucht sie es. Aus ihrer Konzentration reißt sie die Türglocke. Während sie sich fragt, wer so spät noch ins Studio wolle, geht sie zur Tür und öffnet sie. Davor stehen Luisa und Peter, sie fallen ihrer Mutter um den Hals. »Komm sofort mit uns nach Hause, wir haben ihn weggeschickt«, sagt Luisa, und Peter fügt hinzu: »Wie kannst du nur denken, daß wir mit Filip Berg auch nur eine Nacht allein bleiben ohne dich?«

Mirna weint, sie drückt ihre Kinder fest an sich. Dann geht sie mit ihnen ins Tonstudio, dort packt sie die Bänder ein. Wenig später fahren die drei zurück in ihr Haus nach Remagen. Mirna geht sofort in ihr Schlafzimmer und öffnet den Schrank. Sie sieht, daß ihre Kleider wieder am alten Platz hängen. An einen Kleiderbügel angesteckt ein weißes Blatt Papier, darauf steht: Ich liebe Dich. Filip.

Am nächsten Morgen fährt Mirna wieder über die B9 nach Bonn ins AFR-Studio. Im Regierungsviertel biegt sie in die Heussallee und kurz darauf in die Winston-Churchill-Straße. Sie hält vor dem langgestreckten weißen Gebäude, dem Pressehaus

I. Mirna Palm will aussteigen, aber es geht nicht. Vorbeikommende Kollegen rufen den Notarzt. Der bringt sie in die Neurochirurgie der Universitätsklinik auf den Venusberg. Die Ärzte stellen eine Lähmung fest, ausgelöst von einem akuten Bandscheibenvorfall. In den nächsten Tagen helfen alle klassischen Behandlungsversuche nicht, die Lähmung breitet sich aus. Mirna muß operiert werden. Sie fürchtet sich.

Sie liegt in einem Einzelzimmer auf der Privatstation. Aber ihre ersten Erfahrungen hier in der Klinik kann sie nicht verdrängen. Sie lag einige Stunden auf dem Stationsgang, bis ihr Bett gemacht und das Zimmer hergerichtet war. Ein Pfleger schob ein Bett vorbei, in dem eine Frau noch unter Narkose lag; er blieb stehen, hob die Decke zur Seite, sie lag nackt da. »Dann wolle wir disch mal anziehe, Määdsche«, sagte im breitesten Kölsch der Pfleger. Er drehte die Frau auf die Seite. Mirna sah ihre eingefallenen Brüste und das Fleisch kraftlos von Schenkeln und Waden hängen. Auf ihrem Bauch dünne, weiße Linien. »Wo ist das Hemd?« fragte der Pfleger und schimpfte: »Wieder keine frische Wäsche da.« Dann deckte er die Frau achtlos zu, schob das Bett zur Wand und ging. Nach einiger Zeit kam er mit einem Hemd und zog es der Frau über. Mirna empfand die Szene als würdelos und hatte Angst, daß man hier mit ihr auch so umgehen könnte.

Am Morgen des Tages, an dem sie operiert werden soll, klopft es ziemlich laut an der Tür ihres Krankenzimmers, kurz darauf wird vorsichtig geöffnet. Ihre Kinder und Filip Berg betreten das Zimmer. Sie sagt nichts, ihre Kinder und er schweigen ebenfalls. Filip streichelt ihr sachte über den Kopf. Luisa und Peter küssen sie und streicheln ihre Hände. Mirna nimmt dies eher undeutlich wahr, denn sie hat bereits eine Vorbereitungsspritze bekommen und den OP-Kittel an. Kurze Zeit darauf kommt ein Pfleger, sagt, daß er Mirna nun in den OP bringen wird. Da sieht sie, daß Filip blitzschnell in seine Jackettasche faßt und dem Pfleger einen Geldschein in die Hand drückt. Dann schieben ihre Kinder und Filip Mirna mit dem Bett aus dem Zimmer, über den Klinikflur in den Aufzug. Filip streichelt über ihr Gesicht, tröstet sie: »Du mußt dich nicht fürchten, es geht bestimmt alles gut. Wir warten auf dich vor dem OP und bringen dich wieder ins Zimmer. Wir sind da. Vergiß das nicht. Wir werden bei dir sein, wenn du aus der Narkose aufwachst.« Das war der Augenblick, in dem Mirna anfing, ihre Distanz Filip gegenüber aufzugeben.

Von Montag bis Freitag besuchte sie Filip jeden Morgen und Abend. Manchmal kam er auch nachmittags und brachte Luisa und Peter mit. Einmal schenkte er ihr einen kleinen Korb Kirschen, den er auf dem Markt für sie gekauft hatte. Aber am Wochenende kam Filip nicht, da fuhr er nach Wiesbaden zu seiner Ehefrau. Das verkraftete Mirna nicht. Sie begann, an ihm zu zweifeln, und hatte das Gefühl, an seinem Doppelleben zu zerbrechen. An einem der Sonntage schrieb Mirna an Filip:

»Ich bin traurig, weil Du nur von Montag bis Freitag bei mir sein kannst oder willst. Ich verstehe Dich nicht, mich plagen arge Zweifel. Heute ist ein trüber Tag. Draußen hängen die Wolken regenschwer unter dem Himmel. Manchmal fliegen Vögel am Fenster vorbei. Vom Bett aus sehe ich nur ihre Flügel schlagen. Die Baumwipfel schauen dunkel vom Kottenforst herein. Gestern war es, daß Du Dich nach Nähe sehntest. Die Härte war verschwunden aus Deinem Gesicht. In solchen Augenblicken träume ich manchmal davon, mich an Dir auszustrecken oder einfach nur neben Dir zu liegen. Dann möchte ich Dich atmen hören, mit Dir einschlafen und aufwachen. Vielleicht würde sich dabei Deine Stärke auf mich übertragen.«

Als Mirna wieder in Remagen ist, erhält sie einen Brief des Kiesgrubenbesitzers. Er bittet sie aus dem Haus auszuziehen. Er hat Eigenbedarf. Eine neue Frau. – Einige Wochen später findet Mirna eine Wohnung am Stadtwald in Bad Godesberg. Das Haus liegt am Hang, aber es hat keinen Garten. Dafür ist der Schulweg kurz. Einmal springt die Katze aus dem Fenster im vierten Stock in Nachbars Garten.

Zur Erinnerung an Paris läßt Mirna die Schlafzimmerwände altroséfarben streichen. Vom Bett aus sieht sie auf Stadt und Godesburg. Filip besteht auf einem neuen Bett. Er sagt: »Mir ist der Gedanke an andere Männer, die früher dort mit dir geschlafen haben, nachgerade unerträglich.« Mirna schweigt. Nach einer längeren Zeit antwortet sie fest: »Ich behalte mein Bett, weil es ein Traum ist, den ich mir erfüllt habe. Ich kann auf deine Phantasien keine Rücksicht nehmen. Ich werde dich in deiner

Wohnung besuchen und nicht daran denken, wer schon alles auf der Liege mit dir gelegen hat oder noch liegt.«

Filip unterdrückt eine wütende Antwort und entschließt sich zur Ablenkung, langsam beginnt er zu sprechen:»Im Herbst muß ich zehn Tage nach Amerika, magst du mich begleiten?« Dann macht er eine Pause. Nun hört es sich an, als würde er die Worte geradezu herausstoßen:»Ich kann nicht weiter ein solches Doppelleben führen. Mirna, es gibt für mich nur dich. Komm mit nach Amerika, du liebst New York. Es ist mir wichtig, daß du mich begleitest, obwohl es Gerede geben wird, da einige meiner Beamten dabeisein werden, möglicherweise auch der Minister. Ihn habe ich von deiner Existenz unterrichtet und ihm gesagt, welche Rolle dir in meinem Leben zukommt. Das war, als du operiert wurdest. Ich liebe dich. Ich habe vier Wochen nicht mit meiner Frau geschlafen. – Aber glaube nicht, daß ich das auf-rechterhalten kann.«

Mirna zuckt zusammen:»Filip, ich denke, ihr seid getrennt?« – »Sie ist ein guter Kumpel, stell dich nicht so an. Mit der Ehefrau ins Bett zu gehen, ist etwas anderes. Manchmal muß man mit ihr den Sexualakt durchführen. Das hat mit uns nichts zu tun. Es nimmt dir nichts weg.« – »Du hast mich belogen. Es ist nicht meine Art, in eine Ehe einzubrechen.« – »Das war mir klar. Des-halb entschloß ich mich zu dieser Strategie.« – »Du taktiertest also?« – »Ja, weil ich wollte, daß du mich liebst.« – »Dann ist die Fürsorge, mit der du mich seit der Operation umgibst, nur ein Spiel?« – »Nein, sie ist echt. Zur Strategie gehörten mein Ver-such, in dein Haus in Remagen einzuziehen, und die ersten Wo-chenenden mit den Reisen. Du solltest nicht zum Nachdenken kommen. Ich wollte, daß du dich in mich verliebst und nicht mehr zurückkannst, wenn du die Wahrheit erfährst. Du bist stark, du kannst das aushalten. Ich liebe dich.«

Mirna ringt um Fassung, sie spricht gepreßt:»Es ist unglaub-lich. Du versuchtest mich also auf ganz subtile Weise abhängig zu machen. Aber abhängig von was?« Sie gibt sich selbst die Ant-wort:»Von Nähe, Geborgenheit und Fürsorge.« Filip unter-bricht sie, versucht sie in den Arm zu nehmen, sie stößt ihn weg. Er hält sie an den Händen, sagt:»Ich will mit dir leben. Gib mir die Zeit, die ich brauche, um meine Ehe fair zu lösen. Ich muß es behutsam machen. Erst die Wahl am 5. Oktober, danach die Koalitionsgespräche, Ende 1980 sind wir dann bestimmt zusammen. Du bist die erste Frau, die meine Seele erreicht. Sex hat für mich eine andere Bedeutung als für dich. Frauen, das war bei mir wie mit den Straßenbahnen, die kommen und gehen. Gefühle habe ich mir nie geleistet, die stören nur, sie sind hinderlich für eine Karriere, weil man Skrupel bekommt, vorsichtiger mit Menschen umgeht und bei Entscheidungen zögert; dadurch verlangsamen sie sich, das kann gefährlich enden.« Mirna schweigt. Sie geht aus dem Zimmer. Sie hört noch, daß sich Filip Berg ein Taxi bestellt.

Gegen Abend fährt sie durchs Marienforster Tal, an Pech vorbei nach Berkum und von dort nach Kürrighoven. Am Horizont das Siebengebirge. Davor die Stadt. Der Weizen steht hoch und fast reif da. Vögel zwitschern. Pferde grasen auf den Koppeln und Kühe auf den Weiden. Mirna geht auf einem Feldweg hinauf zum Waldrand. Sie wirft sich bäuchlings auf eine Wiese. Sie beißt ihren Schmerz schreiend in die Erde.

Auf ihren Schreibtisch in ihrem Arbeitszimmer legte Filip Berg, bevor er ging, einen Zettel. Darauf schrieb er mit roter Tinte: »Ich werde Dich immer lieben.« Als Mirna das liest, schreibt sie an ihn: »Ich sollte Dich nie wiedersehen. Es genügt mir, daß ich eine kleine Zeit mit Dir verbracht habe.«

Von Amtshilfe und höhergesteckten Zielen

Mirna arbeitet wieder im Rundfunk. An den Wochenenden richtet sie ihre Wohnung weiter ein, Filip dankt ihr dafür höflich. Sie sagt: »Das mußt du nicht, es ist meine Wohnung.« Und er: »Nach der Operation sollte ich dir eigentlich solche Arbeiten abnehmen.« – »Wann denn? Du kommst zwei- oder dreimal in der Woche kurz vor Mitternacht. Dann bist du überdreht, brauchst zwei Stunden und fünf Bier, um die Politik zu vergessen. Die Nachbarn würden wenig Verständnis dafür haben, wenn du morgens um zwei anfingst Nägel in die Wände zu schlagen und Bilder aufzuhängen. Aber verwunderlich ist, daß du so spät kommst. Es ist Sommerpause in Bonn. Das Parlament ist in die Ferien gefahren.«

»Und ich habe Stallwache. Ich kann nicht in meiner Arbeit nachlassen. Alle würden sagen, er hat eine junge Frau, nun ist ihm die Politik nicht mehr wichtig. Ich kann nicht von anderen in jeder Situation Disziplin verlangen und selbst nicht mit gutem Beispiel vorangehen. Disziplin ist nun mal der äußere Ordnungsfaktor und macht das Wesen des Beamtenapparates aus. Dazu gehören streng geordnete Tagesabläufe und Sachzwänge. Wer nachlässig ist, ist für die Position des Staatsministers ungeeignet. Wenn ich mich so verhielte, wie du es möchtest, wäre ich unberechenbar für Mitarbeiter und Minister. Wir haben noch viel Zeit, wenn ich pensioniert bin.« –»Aber ich will jetzt mit dir leben.« – »Das geht nicht. Du mußt auf meinen Ruhestand warten. Ich kann dir nicht helfen. Es gibt höhergestellte Ziele, und Staatsräson ist eins davon.«

Mirna weint. Sie geht aus dem Zimmer, sie holt den in Silber gefaßten Handspiegel ihrer Großmutter und hält ihn Filip vors Gesicht:»Schau dich an. Du siehst wieder aus wie ein Bildwerk aus Stein. Es gibt keine Position, zu der du nicht erstarren könntest.« Dann geht sie in ihr Arbeitszimmer, setzt sich an ihren Schreibsekretär, zieht eine der kleinen Schubladen auf, nimmt einige Fotografien heraus, schaut sie an. Ihre Mutter. Sie hat sie nie wirklich gekannt. Dort der Gutshof, auf dem sie groß wurde, mit dem Park, an dessen Ende, an der Mauer unter den alten Blutbuchen, der Friedhof liegt. Hier sind die Gräber derer, die hier gelebt und gearbeitet haben. Dorthin ging Mirna früher, wenn sie nicht weiterwußte. Dann setzte sie sich ans Grab ihrer Mutter, sah in die Bäume hinauf und den Zweigen zu, wie sie sich im Wind bewegten, und sie versuchte, ein Stück vom Himmel zu sehen. Die Stille übertrug sich auf sie. Später, als sie den Gutshof verließ und nicht mehr an das Ende des Parks zum Grab ihrer Mutter gehen konnte, hatte sie die stille Zwiesprache mit ihr schreibend versucht. Sie zog sich eine kleine Zeit von der Welt zurück und versuchte auf diese Weise, ihr inneres Gleichgewicht wieder zu erreichen.

Mirna versteht Filip nicht. Sie möchte ihn gerne fragen, weshalb er sich keine Zeit für sie nehmen kann oder will, und sich mit ihm auch über seine Ansichten von Ordnung und Disziplin in einer Beamtenhierarchie auseinandersetzen. Aber er lehnt dies strikt ab. Mirna hat Mühe, damit umzugehen. Sie ist noch immer fassungslos. Filip erstarrte von einer Sekunde zur anderen. Es war, als würde er einen Schalter umlegen. Diese extreme Reaktion kann sie nicht nachvollziehen und begreifen. Sie fragt sich immer eindringlicher, weshalb reagiert Filip so? Ist es der Streß der tagespolitischen Ereignisse und von deren Bewältigung, der auf ihm liegt, oder gibt es ein anderes traumatisches Ereignis in seinem Leben, das ihn von einer Sekunde zur anderen zu Stein erstarren und alles Menschliche aus ihm weichen läßt? In solchen Zeiten fürchtet Mirna sich vor ihm, dabei spürt sie in sich eine gewisse Neugierde, herauszufinden, was tatsächlich mit Filip los ist. Sie hat Zeit gehabt, nachzudenken, wie sie ihn erreichen könnte, wenn er sich einzementiert. Sie wird zukünftig das aufschreiben, was er nicht hören will.

Mirna setzt sich nun etwas gerader auf ihren Stuhl. Es sieht fast so aus, als würde sie sich eine Gräte in den Rücken einziehen. Sie wirkt nun nicht mehr so niedergeschlagen. Mirna nimmt ein Blatt Papier aus der Schublade und einen Bleistift. Sie schreibt: »In meiner Welt kommt das persönliche Leben vor den höhergestellten Zielen und der Staatsräson. Das heißt nicht, daß es keine Verantwortung gibt und Pflichten. Ich fühle mich schlecht bei Dir. Du stellst Deinen Willen über den anderer Menschen und zwingst sie zu tun, was Du für richtig hältst. Ich fürchte, daß diese Verhaltensweise Deine zweite Natur wird. Ich wäre glücklich, wenn Du mehr Zeit für uns hättest und dieses maschinenhafte Rotieren von Dir abfiele wie welkes Laub und Du Dir Gefühle erlauben könntest. In solchen Augenblicken, in denen der Staatsminister von Dir abfällt, schaue ich Dich gerne an. Dann bekomme ich diese neue Sehnsucht nach Nähe mit Dir, die jedoch schnell verschwindet, wenn Du in Deinen Härtepanzer schlüpfst. Es sind diese kurzen Zeiten von Menschlichkeit, die mich halten, wenn ich Dich eigentlich verlassen möchte, weil ich an Deiner Art zu zerbrechen drohe. Niemand von meinen Freunden versteht, warum ich Dich mag, und ich kann es ihnen nicht vermitteln. Du hast Deine Emotionen einzementiert. Warum erlaubst Du Dir nur manchmal Zärtlichkeit? Ich kann Dich nur sehen, wenn es Dein Terminkalender erlaubt, das ist meist spätnachts von Montag bis Donnerstag. Am Wochenende hätte ich mehr Zeit. Doch da bist Du bei Deiner Frau und unerreichbar. Das ist furchtbar. Ich habe keine Worte, Dir meinen Schmerz zu vermitteln.«

Mirna faltet den Brief an Filip zusammen, steckt ihn in einen Umschlag und steckt diesen in die Tasche von Filips Jackett, das auf einem Bügel in der Diele hängt. Nun fühlt sie sich besser. Sie geht in die Küche, macht Filip eine Tasse Suppe heiß und bringt sie ihm. Später bittet sie ihn, in seine Wohnung zu fahren und dort zu übernachten. Es ist Donnerstagnacht, sie fürchtet sich vor dem Abschied am Freitagmorgen. Sie möchte die Situation selbst gestalten. Filip versteht das nicht. Er reagiert wütend, dann geht er. Mirna nimmt sich vor, das Wochenende mit ihren Kindern bei ihren Freunden auf dem Rosenhof zu verbringen.

Dort, wo die runde Kuppel im Ländchen silbern glänzend und weithin sichtbar über den Wald ragt, liegt der Rosenhof. Hier leben Mirnas Freunde Paula und Frank. Auf dem Rosenhof gibt es einen Blumengarten mit Rittersporn, Kaiserkronen, Dahlien, Malven, Stockrosen und Sonnenblumen. Und einen Gemüsegarten, in dessen Gewächshaus Mirnas Freundin Paula südländisches Gemüse züchtet. Der Beerengarten ist dort, wo an der großen Wiese am Hang ein Dutzend Schafe grast. Und schwarze Enten laufen hochaufgerichtet auf zwei Beinen spazieren. Viele Jahre schon verbringt Mirna die Sonntagnachmittage auf dem Rosenhof. Die Freundinnen machen lange Spaziergänge zwischen den Feldern und hinauf zum Wald. Sie freuen sich jedesmal neu über den Blick aufs Siebengebirge. An klaren Tagen sehen sie den Drachenfels und das Gästehaus auf dem Petersberg. Mirna hört ihrer Freundin zu, was sie ihr von den Schafen erzählt, von den Enten und den kleinen familiären Ereignissen. Paula berät Mirna bei Kindersorgen und Schulproblemen.

Die Freundinnen gehen nun weiter durch den Wald. Sie hören

schon das leise Tack-Tack der Golfspieler. Mirna erzählt Paula von Filip, sie gesteht ihr, daß Filip sie gleichzeitig fasziniert, abstößt und erschreckt. Paula schaut sie nur hilflos an. Sie fühlt sich nicht in der Lage, ihr zu raten. Mirna erwartet keine Antwort. Es tut ihr gut zu reden. Die beiden gehen schweigend weiter nebeneinander zum Golfplatz. Sie schauen den Pferden nach in den Koppeln und den Kühen auf den Weiden, und als es Abend wird, fühlt sich Mirna besser.

Als Filip nach diesem Wochenende wiederkommt, hat er sein typisches Montagsgesicht. Er ist angespannt und sieht müde aus. Die Falten um seine Augen sind tiefer geworden, und die auf der Stirn sehen wie Furchen aus. Filip geht ins Schlafzimmer, zieht seinen eleganten Anzug aus, hängt ihn auf einen Bügel ans Fenster. Er schlüpft in einen bequemen Schlafanzug. Mirna gefällt das nicht, sie scherzt: »Es fehlen nur noch die Filzpantoffeln.« Filip atmet hörbar die Luft aus: »Anstatt daß du dich freust, daß ich gekommen bin, fängst du an, herumzumeckern wie eine Ehefrau.« – »Das mache ich nicht, aber der Wechsel ist wirklich zu komisch.« Filip versucht ein Augenzwinkern: »Ich schlüpfe in den Schlafanzug und hänge den Grauen weg. So setze ich für mich ein deutliches Zeichen, ich lege den Schalter um auf privates Leben mit dir. Im Schrank hängen nur Anzüge. Ich taste mich an den Gedanken heran, Jeans zu kaufen.«

Das machen sie am anderen Tag, und Filip besteht auf einem giftgrünen Nicki. Am Abend hat er seinen großen Auftritt in Jeans. Ein neuer Mann steht vor Mirna. Sie sagt: »Ich bin fast hingerissen.« – »Nur fast?« fragt er und schaut zum wiederholten Mal in den Spiegel. »Ich muß zugeben, daß sie mir stehen.« Mirna lacht: »Und das Giftgrün ist der Kontrast zum Grau.« – »Wenn die mich im Ministerium so sähen.« – »Vielleicht würdest du ihnen sogar gefallen; probier es und trage zu den Jeans ein weißes Hemd und ein blaues Jackett.« – »Du bist unmöglich, und trotzdem habe ich eine Überraschung für dich: Was hältst du von einem roten Telefon?«

Sie stellt sich vor ihn hin und atmet wie ein Staatsminister, sehr tief und sehr gewichtig. Filip ist leicht irritiert, entschließt sich jedoch, weiterzusprechen: »Du weißt, ich muß immer erreichbar sein. Ich möchte deine Telefonnummer dem Lagezentrum nicht geben, deshalb habe ich immer den Piepser bei mir. Heute sprach ich mit meinem Kollegen Jonas von der Post. Der hat sich bereit erklärt, mir über Amtshilfe eine Umschaltleitung von meiner Wohnung zu deiner zu legen.«

Eine Woche später gibt es in Mirnas Wohnung ein rotes Telefon. Filip kommt nun abends meist gegen zehn, und pünktlich um halb elf klingelt das rote Telefon. Es war nicht das Lagezentrum, sondern Wiesbaden, wie Filip nun seine Ehefrau nennt. Er nimmt das rote Telefon, trägt es ins Schlafzimmer. So abgebrüht sei er nicht, vor ihr zu telefonieren. Mirna versucht, die abendlichen Anrufe zu ignorieren. Aber sie schafft es nicht, sie fühlt sich von seiner Ehefrau verfolgt. »Ich gehe davon aus, daß du dich daran gewöhnen wirst«, sagt Filip. Sie hätte schreien mögen und schweigt. Filip beruhigend: »Die schlechten Zeiten haben die gute Eigenschaft, daß sie vorbeigehen. Nun habe ich Hunger, ich decke den Tisch und bin gespannt, was es zu essen gibt.«

Das Eßzimmer liegt zum Hang hin. Vor dem Fenster breitet eine Trauerweide ihre Zweige aus. Filip rückt den runden Tisch so, daß der Blick direkt in den Baum hineinfällt. Mirna kommt mit einem großen Tablett: »Ehe du ohnmächtig wirst vor Hunger, essen wir erst Käse, Brot und Weintrauben. Zwiebelsuppe gibt es als Nachtisch.« Filip legt eine Pistole auf den Eßtisch. Es ist eine Derringer Spezial 38, eine Nahschußwaffe. Sie ist eine von Filip Bergs vier zugelassenen Pistolen und für Exekutionen und Selbstmord besonders geeignet. Des Staatsministers Waffenhobby ist hinlänglich bekannt. Mirna erschrickt. »Steck das Ding sofort wieder ein.« Er lacht. »Beruhige dich, ich lege die Pistole zwischen meine Unterhosen. Es muß sein, aus Sicherheitsgründen.« – »Das wirst du nicht tun. In meine Wohnung kommt keine Waffe und auf den Eßtisch schon gar nicht. Bring das Ding weg.« – »Du wirst dich daran gewöhnen müssen.« – »Ich muß gar nichts. Ich trau dir zu, daß du mich abknallst, wenn du wütend auf mich bist.« – »Du hast wirklich eine beachtliche Phantasie.« Filip lenkt ein. Er greift nach dem Telefon, ruft seinen Fahrer an und bittet ihn, zu kommen, die Waffe abzuholen und ins Safe zu legen. Erwartungsvoll schaut er Mirna an. »Es sieht ganz so aus, als sollte ich mich auch noch bei dir bedanken.« – »Vergiß es«, antwortet Filip.

Nachdem der Fahrer die Pistole abgeholt hat, spricht Filip in dieser Nacht erstmals von einem gemeinsamen Haus. Ihre Wohnung im Stadtwald sei für Repräsentationspflichten nicht geeignet, sie könne nur ein Übergang sein. Er denke an die ehemalige Villa von Herbst im Regierungsviertel, die leerstehe. Mirna lehnt schroff ab, aber Filip hört nicht zu. Er redet von Kristall, das angeschafft werden müßte, und Rosenthal-Geschirr: »Deine provenzalische Keramik ist für Regierungsgäste nicht geeignet.« – »Filip, ehrlich, für Staatsgäste koche ich nicht. Mit denen kannst du in La Redoute speisen oder auf dem Petersberg. Sag mir lieber, wohin wir in Ferien fahren.« Filip erschrickt: »Ich kann nicht mit dir in Urlaub fahren. Du mußt allein verreisen. Aber bitte keine Diskussionen, die habe ich reichlich in Wiesbaden.«

Septemberrosen

Vier Wochen später fährt Filip Berg mit Ehefrau nach Südfrankreich. Mirna fliegt nach Griechenland. Sie besucht in Athen Freunde und fährt mit dem Schiff weiter auf die Insel Ios. Sie schreibt Filip einen Brief: »Es ist heiß. Der Sand brennt unter meinen Füßen. Schatten gibt es hier nicht. Morgens fahre ich mit einem klapprigen Bus über den Berg zu einem kilometerlangen Sandstrand. Und abends sitze ich im Restaurant Pithari und denke an Dich. Ich tue nichts, und sicher verachtest Du mich deshalb. Weißgetünchte Zykladenhäuser. Der Weg aus grob gehauenen Natursteinen, deren Ränder weiß gestrichen sind. Zypressen und Palmen. Dazwischen das tapsige Klopfen von Eselschritten. Ameisen krabbeln in der Sonne. Disteln und verbranntes Gras. Die Luft flirrt. Ich bin irrsinnig allein.«

Als Mirna aus Griechenland zurückkommt, findet sie einen Brief von Filip. Der schreibt: »Es ist mehr als zehn Jahre her, daß ich einen privaten Brief schrieb. Aber wie bei so vielem in der letzten Zeit muß ich wohl auch hier umdenken. Es ist sehr einsam. Der Wind ist stark. Auf der Wiese nebenan steht eine braunweiß gefleckte Kuh; sie schaut in das Auto hinein und mich an. Die Tage sind betriebsam verlaufen. Fahrten und Besichtigungen füllen die Zeit. Das ist gut so. Was wäre auch wohl zu sagen. Daß ich Dich vermisse, allenfalls. Das habe ich in den Wochen der Trennung gespürt, wie sehr sich mein Leben verändert hat und ich mich nach Dir sehne, wenn Du nicht da bist. Äußerlich geht bei mir alles seinen gewohnten Gang. Aber ich stehe teilnahmslos neben mir und wundere mich, wie ich automatisch reagiere. Ich habe für mich inzwischen die Gewißheit erlangt, daß mich ein Gefühl ausfüllt, das auf Dauer bleibt.

Ich fand es sehr freundlich vom Schicksal, uns einander begegnen zu lassen. So schön es ist, an Dich zu denken oder von Dir zu träumen, so ist doch mein Gefühl inzwischen umgeschlagen in eine gewisse Traurigkeit. Ich zähle die Tage, bis ich Dich wiedersehe. Alle diese Dinge zusammengenommen berechtigen zu der wohl zutreffenden Diagnose, daß der Mensch Filip offensichtlich heillos verliebt ist. Ich widerspreche der Diagnose nicht.

Wie mag es Dir gehen? In zwei Wochen wirst Du wieder alle Deine Lieben um Dich haben. Die Kinder. Den Kater und mich. Wir werden nicht ohne Schwierigkeiten zusammensein. Doch das ist noch tausendmal besser, als ohne Schwierigkeiten nicht beisammen zu sein. Ich habe nun keine Besorgnis mehr und wäre froh, wenn Du die Zuversicht teilen würdest. Grüße die Kinder und streichle den Kater übers Fell.«

An einem Freitagnachmittag im September sitzt Filip Berg auf der Treppe vor Mirna Palms Wohnung im Stadtwald von Bad Godesberg und wartet auf sie. Als Mirna die Treppe heraufkommt, ist sie vor Überraschung sprachlos. Sie strahlt Freude aus und Distanz. Er kennt das schon und weiß damit umzugehen. Sie fremdelt und braucht etwas Zeit, bis sie wieder bei ihm ist. Zurückhaltend begrüßt sie ihn: »Du warst zu lange weg, Filip. Ich mag mich nicht mehr solange von dir trennen.« – »Das mußt du auch nicht, denn in ein paar Jahren werde ich pensioniert, und dann bin ich immer bei dir.« – »Du weißt, daß mich die Aussicht auf deinen Ruhestand nicht gerade freut.« Er küßt sie. Sie denkt, seine Haut schmeckt nach Meerwasser, seine Haare sind noch grauer geworden. Filip sagt:»Wenn ich bei dir das erste silberne Haar entdecke, feiern wir ein Fest.« –»Weshalb?« –»Weil du dann anfängst, mir ähnlich zu werden. Bei Liebenden passiert das manchmal.« –»Du hast vielleicht komische Ideen.« –»Nein, denn mit dir habe ich keine Angst, alt zu werden. Manchmal denke ich, daß es ein aufregendes Erlebnis werden könnte.«

Mirna legt ihm die Hand auf den Mund und löst sich aus seiner Umarmung.»Was hältst du davon, wenn wir in die Wohnung gehen?« Sie wartet seine Antwort nicht ab, schließt die Tür auf. Filip folgt ihr. Mirna geht in die Küche und kocht Tee, er nimmt Tassen aus dem Geschirrschrank, stellt sie auf ein Tablett und trägt es in den Wohnraum. Etwas später bringt Mirna Tee und Gebäck. Sie setzt sich vor ihn auf den Boden, schaut zu ihm hoch. Ihr Blick voller sinnlicher Intensität berührt ihn. Filip nimmt ihre Hände:»Habe ich dir jemals gesagt, wie schön du bist? Bleib so, wie du bist, so überaus kompliziert, so aufregend und unberechenbar.« Sie legt ihren Kopf auf seine Knie, umschlingt sie mit beiden Armen.

Der Tag verschwindet langsam hinter der Stadt. Mirna und Filip machen später noch einen Abendspaziergang durchs Marienforster Tal. Die Hände haben sie ineinander gelegt. Sie gehen am Bach entlang bis dorthin, wo der Weg zur Kreuzung wird, biegen links ab. Sie lassen die Stadt hinter sich. Schlendern über abgeerntete Felder und Stoppeläcker hinauf zum Heiderhof. Der Mais steht reif, hoch und schwer da, bewegt sich im Abendwind. Das Laub beginnt sich leicht kupfern und rostfarben zu färben. Es riecht nach Herbst. Am Waldrand setzen sich Mirna und Filip auf eine Bank, sie schauen hinunter auf die Stadt, wie sie in der Abenddämmerung daliegt, und hinüber zur Godesburg und zum Siebengebirge, unter dem sich der Rhein dahinschlängelt. Sie staunen über das letzte Glitzern eines schon bleichen Tages; langsam wird es Nacht. In Bonn gehen die Lichter an. Die Straßen werden aus dem Dunkel herausgehoben und die auf ihnen dahinjagenden Autos ebenfalls.

»Ich vermisse Luisa und Peter«, sagt Filip. »Sie sind mit ihren Freunden übers Wochenende an die Mosel zum Angeln und Zelten gefahren.« –»Laß uns auch verreisen.« –»Heute abend?« –

»In drei Stunden könnten wir am Meer sein.« – »Wunderbar. Aber ich wünsche mir einen Ort, an dem dich keiner kennt und das Lagezentrum dich nicht erreicht.« Filip zieht sie an sich, preßt seine Lippen auf ihren Mund. Er möchte, daß sie schweigt, er erträgt es nicht, an seine Realität erinnert zu werden.

Sie sind in jener Nacht in ihrem alten Landrover noch nach Holland gefahren. Sie waren nur eine Nacht und einen Tag zusammen am Meer. Dann holte Filip sein Leben ein. Das Lagezentrum rief ihn über Funk zurück, denn er hatte doch heimlich seinen Piepser mitgenommen. Er mußte an einer Krisensitzung teilnehmen. Anschließend arbeitete er seine Aktenberge ab und schlief in der darauffolgenden Nacht im Ministerium auf einem Notbett in einem kleinen Raum neben seinem Büro.

An der Tiffanylampe auf Mirnas Schreibtisch hängt seit vielen Jahren an einer feinen Kette ein goldenes Medaillon. Sie hatte es auf ihrer Haut getragen und dann nicht mehr ertragen. Es erinnert sie an den Tag mit Filip am Meer. Sie nimmt es in die Hand, öffnet es. Filip und sie. Die Fotografie hat ihre Farben verloren, vergilbt von der Zeit, bräunliches Weiß. Das Bild sieht aus, als sei es im vergangenen Jahrhundert aufgenommen. Dabei ist es noch keine zwanzig Jahre alt.

Filip und sie stehen an eine Mauer im Park gelehnt. Er ein wenig kleiner. Sein Arm liegt um ihre Taille. Er trägt Jeans und einen Pullover. Darunter ein Hemd, an dem die beiden ersten Knöpfe geöffnet sind. Erstaunt stellt sie fest, daß sie das gleiche trägt und daß sie sich ein wenig ähnlich sehen. Sie denkt, nicht weiter erstaunlich, denn ohne Brille sieht er aus wie mein Vater. Aber vielleicht liegt es auch an der Zeit, die die Farben und Konturen ihrer Gesichter verblassen ließ. Die rechte Seite des Medaillons ist leer. Mirna hatte in jenen Tagen und Nächten, als er kommen wollte und doch nicht kam, seine grauen Haare herausgenommen und sie in den Wind gehalten.

Filip drückte an jenem Tag im September einem gerade vorbeikommenden Mann seinen Fotoapparat in die Hand und sagte: »Machen Sie ein Bild von uns.« Daran erinnert sich Mirna. Aber sie hat den Namen des Ortes vergessen. Es war eine kleine Pension irgendwo am Meer in Holland. Am Morgen frühstückten sie im Garten zwischen bunten Stockrosen, und später spazierten sie durch die Straßen an gepflegten Vorgärten vorbei ans Meer. Dort sind sie viele Stunden gelaufen, im Wind, in der Sonne, und das Wasser sah aus, als ob es bis zum Horizont reiche und darüber hinaus. Sie sahen den Möwen nach und suchten Muscheln im Sand. Hier am Strand hat sie für Augenblicke diesen winzigen Schimmer von Sehnsucht nach Leben in seinen Augen gesehen. Sie erinnert sich, Sätze zu ihm gesagt zu haben wie diesen: »Ich möchte den Wind küssen, der an dir vorbeifliegt, die Luft einatmen, die du ausatmest, und die Zeit anhalten.«

Über Mittag saßen sie in geflochtenen Korbsesseln an windgeschützten Mauern. Es war eine Zeit von Nähe, Harmonie und Wärme, unwirklich fast und doch Realität.

Mirna schließt das Medaillon. Sie blickt auf die Vorderseite, fünf Rosen aus Gold in Filigranarbeit. Eine für jedes Jahr, das sie zusammen waren. Sie sehen aus wie die Blüten der Stockrosen in jenem Garten am Meer. Septemberrosen.

Männerspiele

In Bonn erwartet Staatsminister Berg der Ministeriumsalltag. Diesmal hatte Hans-Josef Maus persönlich gewagt, an seinem Stuhl zu sägen. »Ein Bayernstreich«, sagte Filip, aber das Lachen war ihm doch vergangen. Maus hatte kurzentschlossen selbst einen Gesetzesentwurf zur Änderung des Abwasserabgabengesetzes an den Präsidenten des Bundesrates übersandt. Mit von der Partie waren die Länder Niedersachsen und Schleswig-Holstein, und natürlich wurde die Bundesregierung umgangen. Er provozierte Streit, weil die Bayern eineinhalb Jahre immer neue Generalattacken erfanden, sich die unterschiedlichsten Angriffsziele auf das Abwasserabgabengesetz ausdachten, und nichts half. Sie bekamen ihre Vorstellungen nicht durch. Der bayerische Ministerpräsident ging in die Offensive. Den Zeitpunkt hatte er listig gewählt. Filip Berg machte Ferien. Maus' Rechnung ging auf. Niemand fiel auf, daß unter Umgehung der Stufenleiter der Hierarchie und des ministeriellen Procederes der bayerische Gesetzentwurf direkt an den Bundesrat zur Entscheidung ging.

»Unerhört«, sagte Filip. Dabei wußte er genau, daß es die Rache des erbosten Bayern war, der nicht verzieh, daß die Bundesregierung die im vergangenen Jahr vom Bundesrat geforderte Novellierung des Abwasserabgabengesetzes abgelehnt hatte.

Mirna wollte den Brief lesen, und Filip zeigte ihn ihr. Sie liest: »Der Bundesrat hat mit Beschluß vom 30. August 1979 die Bundesregierung gebeten, baldmöglichst den Entwurf eines Gesetzes zur Änderung des Abwasserabgabengesetzes vorzulegen, in dem die Mängel und Ungereimtheiten des Gesetzes beseitigt werden. Die Bundesregierung folgte dieser Bitte nicht. Das Abwasserabgabengesetz wurde nicht zu einem möglichst frühen Zeitpunkt vollziehbar gestaltet. Deshalb legte der Bundesrat nunmehr selbst einen Gesetzentwurf vor.«

In ihm schlug Maus vor, keine Abwasserabgabe für Niederschlagwasser wie für die Fischgiftigkeit von Abwässern zu erheben. Aber auch Ermäßigung der Abwasserabgabe oder Wegfall derselben, wenn die Abwassereinleiter eine Verminderung der Schadstofffracht über die allgemein anerkannten Regeln der Technik hinaus vornehmen. Und schließlich die Verschiebung der Abwasserabgabenerhebung um ein Jahr vom Januar 1981 auf Januar 1982.

Auf diese Weise erzwang Maus vor Inkrafttreten der Abwasserabgabe die Änderung des Abwasserabgabengesetzes. Das Gerissenste waren die finanziellen Abgaben für die Abwässer, also die Schadenseinheiten, die die Industrie zu bezahlen hatte. Dieses Husarenstückchen hatte Maus von der bayerischen Staatskanzlei austüfteln lassen. Der bayerische Ministerpräsident änderte den Paragraphen neun raffiniert, indem er einen Abwasserabgaben-Stufenplan ins Gesetz einführte, wonach der Abgabensatz innerhalb von fünf Jahren von zwanzig Mark pro Schadenseinheit auf vierzig Mark ansteigen sollte. Die Hinterhältigkeit des Vorschlages begriff nur, wer das Abwasserabgabengesetz genau kannte. Auch ein Politiker mit Detailkenntnissen wie Staatsminister Berg brauchte eine Erklärung der Rechtsexperten des Innenausschusses. Das sogenannte Mausgesetz war industriefreundlich und sollte den Geldbeutel der Wirtschaft schonen.

Der Staatsminister durchschaute freilich des Bayern Taktik; er berief eine Krisensitzung ein und beriet sich mit seinen Abteilungsleitern, wie sie die neu entstandene kritische Situation in den Griff bekommen könnten. Berg wollte keinesfalls zulassen, daß Maus das Machtspiel gewann.

Die kritische Situation der deutschen Gewässer war allen Verantwortlichen im Ministerium für Zukunftsfragen, Ökologie und Freizeit seit Jahren bekannt und ebenso, daß sich diese trotz der Wasserhaushaltsgesetze verschlimmerte. 1979 waren erst fünfundsechzig Prozent der deutschen Gewässer vollbiologisch gereinigt, und ein Blick über den Grenzzaun machte den Beamten schlagartig klar, daß Frankreich und Holland zu den größten Einleitern von Schmutzwasser in deutsche Gewässer gehörten und nichts für deren Reinigung bezahlten. Deshalb schlugen sie dem Staatsminister vor, im Spätherbst noch einmal nach Paris zu fahren und mit den Franzosen weiter zu verhandeln. Seine Beamtenexperten rieten ihm zur Unnachgiebigkeit und Konsequenz. Sie wollten in den nächsten Wochen den Rahmen für ein international passendes rechtliches Instrument für den Gewässerschutz erarbeiten.

Zu den Schwierigkeiten des Wasserhaushaltsgesetzes mit seinem Ordnungsrahmen und seinen Zwangsvorschriften gehörte sicher, daß es der Bundesregierung nur die Möglichkeit gab, den Rahmen abzustecken, und es den Bundesländern oblag, die sogenannten Ausführungsgesetze zu erlassen.

Filip Berg hatte im Auftrag der Bundesregierung alles versucht, damit dieser die entsprechende gesetzliche Vorkompetenz zugesprochen wurde, dabei schreckte Berg auch nicht vor einer Grundgesetzänderung zurück. Aber alle seine gleichzeitig gerissenen wie fachlich kompetenten Versuche schlugen fehl. Die Minister und Ministerpräsidenten der einzelnen Bundesländer verteidigten die wenigen Gesetzeskompetenzen, die ihnen verblieben waren, mit Klauen und Zähnen. Deshalb hatte sich die Überarbeitung des Wasserhaushaltsgesetzes zwanzig Jahre verzögert, bis es an die neue Lage und die Erfordernisse angepaßt und im Dezember 1976 entsprechend geändert wurde. Von diesem Zeitpunkt an sollten alle, die Abwässer in die Gewässer einleiteten, für deren Reinigung bezahlen.

Die Bundesregierung – unter Filip Bergs Regie – hatte scharfe Grenzwerte vorgeschlagen und bestand auf deren Einhaltung nach dem augenblicklichen Stand der Technik, also dem, was technisch machbar war. Aber der Gesetzgeber wollte nicht, und zu Hilfe kam ihm die 1976 auftretende erste Rezessionserscheinung nach der Ölkrise, gegen die die Industrie kämpfte. Deshalb wurden die Anforderungen für Zukunft und Naturschutz an die Wirtschaft zurückgefahren. Das Ende Dezember 1976 beschlossene Gesetz trat ein Jahr darauf am 1. Januar 1978 in Kraft und legte eine Abwasserabgabe für die Verunreinigung des Wassers fest, die jedoch erst ab Januar 1981 von den Wasserbehörden einkassiert werden sollte. Die Länderfürsten fürchteten um ihre Wiederwahl und um die Industrieparteispenden. Seither kämpften sie gegen das Gesetz.

Des Staatsministers Krisensitzungen mit seinen Beamten brachten ihn, den Juristen, auf die Idee, den gesamten Sachverstand des Landes aus Wissenschaft, Wirtschaft und Verwaltung einzuladen. Es wurden fünfzig Arbeitsgruppen gebildet, in die er auch noch Persönlichkeiten und Fachexperten aus den verschiedensten gesellschaftlichen Gruppen hineinholte, von den kommunalen Spitzenverbänden bis hin zu den Gewerkschaften. Dieser geballte Sachverstand erarbeitete bis zur Bundesratssitzung im nächsten Frühjahr, auf der das bayerische Abwasserabgabengesetz verhandelt werden sollte, fünfundfünfzig Verwaltungsvorschriften. In ihnen wurde beispielsweise festgelegt, bis zu welchem Prozentsatz die Molkereien, die Zellstoffabriken, Brauereien, die Chemie und andere Industrie das Abwasser klären mußten. Die Idee war deshalb so kühn, weil es aufgrund der unterschiedlichen Kompetenzen zu den Aufgaben der Länder gehörte, die Verwaltungsvorschriften in die Praxis umzusetzen.

Mirna staunt über Filips Einfälle, über die Art, wie er agierte, und die Möglichkeiten seines Amtes. Maus und das Abwasserabgabengesetz waren das Thema der abendlichen und morgendlichen Gespräche. So fing es an, daß das politische Tagesgeschäft Mirnas Familienleben beeinflußte.

Das Abwasserabgabengesetz erlebte Mirna als Lehrstück, mit dem sie das Räderwerk des politischen Machtapparates zu durchschauen begann. Sie weiß nun die Macht der Exekutive einzuschätzen. Sie hatte als journalistische Beobachterin in Bonn geglaubt zu wissen, wie der politische Alltag funktioniert, wie Gesetze gemacht werden und interne Machtprozesse ablaufen. Sie kannte auch das Machtgefälle zwischen Exekutive und Legislative.

Nachdem sie nun beobachtet hatte, wie Filip das durchsetzte, was er für Zukunft und Naturschutz als richtig erachtete, mußte sie feststellen, daß sie bislang doch nur das wußte, von dem Partei, Fraktion, Minister, Parlament, also die politischen Agitatoren, wollten, daß Journalisten es wissen sollten. Die Machtprozesse hatten dann, wenn sie öffentlich wurden, bereits ihre Brutalität verloren, sie waren gefiltert. Auf diese Weise hatten sie die Barriere der offiziellen Sprachregelung und der Pressepolitik passiert.

Ein Ahornboden vor New York City

Nach New York fliegen sie erster Klasse. Für Mirna ist diese Art von Luxus eine Premiere. Sie genießt die Verwöhnungen. »Femme de Luxe«, neckt Filip, und sie sagt scherzend: »Ich weiß.« – »Ich habe noch nie jemanden gekannt, der den Luxus so genießt und sich mit soviel Schönheit umgibt.« – »Ich liebe eben schöne Dinge.« – »Aber ich bin nicht schön.« – »Das stimmt, im üblichen Sinne sicher nicht. Es fasziniert mich jedoch, wie geschickt du taktierst, wie du mit dem Regierungsapparat umgehst und Macht einsetzt. Ich genieße deine Höflichkeit, Aufmerksamkeit und Eleganz. Du bist ein Herr der alten Schule. Trotzdem stoße ich mich manchmal an deinen altmodischen Ansichten. Ich habe auch schon mal Probleme, mit deinem Konservatismus umzugehen. Obwohl ich neuerdings den Eindruck habe, daß du dich darum bemühst, auch etwas auf mich einzugehen.«

»Du hast meist avantgardistische Ansichten, und manchmal empfinde ich sie geradezu als revolutionär. Ich begriff jedoch schnell, daß du mir weglaufen würdest, wenn ich anfinge, dir deine Krallen zu stutzen, oder versuchte, dein Temperament zu zähmen. Ich gebe zu, daß ich einiges an dir nicht mag, wie zum Beispiel, daß du in deinem Arbeitszimmer schläfst, wenn ich da bin. Ich habe auch Mühe zu akzeptieren, daß du soviel arbeitest. Am schlimmsten ist es, wenn du dich so in dich zurückziehst. Dann bist du über Tage wie geistesabwesend und nicht ansprechbar. Versuche ich es trotzdem, gibst du falsche Antworten und sagst Sätze wie diesen: ›Steck dein Hemd in die Hosentasche!‹ An solchen Abenden gehe ich in mein Ministerium, und du merkst das nicht einmal. Ich rede mir dann ein, daß ich über diese Situation froh sein sollte. Ich kann die ganze Nacht hindurch arbeiten und alle liegengebliebenen Akten aufarbeiten.«

Mirna streichelt über seine Hände und zählt die Rostflecken. Filip muß lachen: »Du zählst meine Altersflecken? Du liebst also nicht nur antike Möbel, sondern auch solche Altertümer wie mich?« – »Vielleicht? – Aber ich mag nicht über die Liebe reden, sondern über das, was ich vorhabe, in Washington zu tun. Meine ersten Arbeiten in Bonn befaßten sich mit Technologiefolgenabschätzung, dem Technology Assessment, dem Science Court, dem Wissenschaftsgerichtshof. In Amerika fing dieses Nachdenken über die Folgen der Technik an. Ich will das Office of Technology Assessment in Washington besuchen, während du politische Gespräche führst.«

Der Chefsteward macht darauf aufmerksam, daß bald eine Schlechtwetterzone durchflogen wird. Die Passagiere sollen sich anschnallen. Filip erschrickt. Mirna weiß, daß er unter Flugangst leidet. Er muß beim Fliegen die Landschaft sehen, sonst ist es für ihn eine unerträgliche Tortur. Deshalb hat er in Bonn einen Bundeswehrhubschrauber zu seiner persönlichen Verfügung. Mirna versucht ihn abzulenken und fragt ihn, ob die Rede, die er während der nächsten Debatte des Parlaments über die zu erwartende Klimakatastrophe halten möchte, schon Formen angenommen hat.

»Das Haus hat mir Vorschläge heraufgegeben, aber ich verwarf alle. Ich schrieb schon einiges auf und hätte gern, daß du dramaturgisch drübergehst. Kritisiere mich, außer dir wagt das keiner. Alle sagen: Jawohl, Herr Staatsminister. Aber da oben, wo ich bin, ist man einsam. Keiner sagt einem die Wahrheit.«

Da erzählt sie ihm von ihrem kürzlichen Interview mit Regierungsdirektor Wahl: »Das Telefon klingelte, er bat mich, den Kassettenrekorder abzustellen. Dann hob er den Hörer ab und schnellte plötzlich von seinem Schreibtischsessel hoch, schlug die Hacken zusammen und sagte eine Spur zu laut: Jawohl, Herr Staatsminister. – Es zerriß mich fast, ich hatte Mühe, einen Lachanfall zu unterdrücken.« – »Du bist unmöglich.« – »Ich weiß. Aber trotzdem, es hat sich so ereignet.«

Der Steward serviert das Essen. Kräutersuppe. Gekochter Lachs mit verschiedenen Soßen. Salate. Geflügel. Reis. Käse. Während sie ihm zutrinkt, sagt Mirna: »Habe ich dir heute schon gesagt, daß ich dich mag?« – »Nein, nicht mit Worten, aber du strahlst es aus. Ich mußte fast sechzig werden, um das zu erleben. Versprich mir, daß du mich nicht verläßt.« –

»Ich verspreche es«, sagt Mirna nachdenklich. – Sie ahnt jedoch nicht, daß einmal eine Zeit kommen würde, in der sie wünschte, dieses Versprechen nie gegeben zu haben, und Filip an ihre Verantwortung und ihr Gewissen appellierte, ihn nicht zu verlassen. – Nun sagt er: »Mit dir lebe ich mein geträumtes Leben. Ich werde vor dir sterben, weil ich den Schmerz der Trennung nicht aushalten will, dich zu verlieren.« – »Warum soll ich an den Tod denken, wo wir doch gerade erst beginnen zu leben?« – »Es ist nur, weil ich dich so liebe.« – »Genug, sei still. Schau hinaus aus dem Fenster und hinunter auf die Welt, wie sie daliegt. Städte, Dörfer wie leuchtende Netzwerke in der Nacht.«

Filip hat sich an Mirna gelehnt. Sie hält ihn im Arm. Leise erzählt sie ihm eine Geschichte, die sie allabendlich neu erfindet. Bald schon merkt sie, daß Filip eingeschlafen ist. Der Steward kommt, zieht vorsichtig den Sitz zur Liege aus und deckt Filip mit einer Decke zu.

Am frühen Morgen Landung auf dem Kennedy-Flughafen in New York. Ein Taxi bringt sie in die Stadt. Filip hatte erstmals keine Angst beim Fliegen gehabt und sagt es ihr. Sie lächelt leise.

Im Hotel duschen sie und ziehen sich schnell um. Mirna ist neugierig auf den kommenden Tag und sagt es Filip. »Wie du dich noch freuen kannst. Ich werde dir heute etwas zeigen, das du noch nicht kennst. Obwohl du schon oft in New York gewesen bist.« Seither liegt auf Mirnas Nachttisch eine kleine weiße Schachtel, auf der steht: »The Bird and Bottle Inn.« Ein Adler spannt auf ihr seine Flügel aus. Die Erinnerung an einen Spätnachmittag im Oktober außerhalb von New York City. Der Herbstwald war leuchtend messingfarben mit Inseln von dunklem Rot. Indian summer.

Eine breite Auffahrt führt in einen großzügig angelegten Park, in dem eine Ranch steht. Etwas abseits in einem der früheren Gesindehäuser ein kleines Restaurant: The Bird and Bottle Inn. Dort haben sie Flußkrabben gegessen und Chablis getrunken. Mirna sitzt ihm gegenüber. Ihren Kopf hat sie in die rechte Handfläche gestützt, ihre typische Haltung. Die Sonne liegt auf ihrem schwarzen Haar, das sie zu einem langen Zopf geflochten hat. Filip beugt sich über den Tisch, küßt ihre Mundwinkel. Sie blickt ihn aus grünen, etwas schrägstehenden Augen von unten herauf an. Sie versteht es meisterhaft, ihr Temperament mit ihrem Verstand zu kontrollieren. Das macht ihn fast wahnsinnig. Aber nach außen verbirgt er das, er wirkt steif und korrekt.

Sie hat den Blick gesenkt und beobachtet ihn unter fast geschlossenen Lidern. Sie sieht, daß seine Nasenflügel leicht beben, doch sein Gesicht wirkt ausdruckslos. Es macht sie traurig, daß er seine Gefühle nicht zeigen kann. Sie faßt über den Tisch nach seinen Händen, reibt ihr Gesicht daran und drückt seine Finger. Filip sitzt ihr in einem grauen Anzug gegenüber, er wirkt leicht angespannt. Irgendwann sagt er beiläufig: »Hast du Lust?« Sie stößt einen kleinen Schrei aus. »Ach, wenn du mich doch nicht so plump fragen würdest. Laß mir doch Zeit, bis ich solche Sehnsüchte entwickle. Du machst meine erotischen Träume kaputt mit deiner so dahingesagten Lust, die du hinter einer Mauer von Unnahbarkeit und Korrektheit verbirgst. Doch deine bebenden Nasenflügel verraten dich.«

Am Nachmittag steigen sie zusammen die leichte Anhöhe hinauf. »Ein Wald von Ahornbäumen«, stellt Mirna überrascht fest, und

Filip erwidert: »Sie sind meine Überraschung für dich.« Lachend bückt sie sich, rafft mit beiden Händen das rote Ahornlaub vom Boden und wirft es nach ihm. Er duckt sich darunter hinweg, versucht ihre Hände zu fassen, was ihm nach einiger Zeit gelingt. Filip mag Mirnas übermütige Spiele nicht und versucht mit Nachdruck, sie ihr abzugewöhnen. »Du verstehst aber auch überhaupt keinen Spaß, ich würde dich zu gerne mit Laub zudecken, das wäre sicher ein lustiges Bild«, sagt sie. Und er: »Du bist respektlos.« – »Ich denke, du hast den Staatsminister in Bonn gelassen. Wenn du Vater wärst, würdest du nicht so dummes Zeug reden.«

Filip nimmt ihren Kopf in seine Hände und dreht ihn leicht nach rechts. »Schau dort hinüber.« Mirna ist sofort entzückt von dem Blick, der sich ihr darbietet. Sie sieht New York daliegen, im Gegenlicht überm Wald, fast am Horizont.

Den Abend verbringen sie in New York City. In einer Pinte am Madisonsquare essen sie eine Kleinigkeit. Das Publikum dort gehört zur Avantgarde. Junge Männer in eleganten, kurzen Jakketts. Andere tragen dunkle Nadelstreifen und taillierte Mäntel. Die Mädchen in engen Hosen oder kurzen Röcken. Darüber weite Pullis unter schicken Jacketts. Es stehen einige Schwarze herum. An der Bar ein Typ in roter Lederjacke mit Tropenhelm und katzenhaft geschmeidigen Bewegungen. Aus Lautsprechern leise Discomusik. Die jungen Leute stehen meist einfach nur da und reden miteinander. Ihre Körper strahlen Sinnlichkeit aus.

Mirna und Filip vergessen über dem Zuschauen die Zeit. Ein Taxi bringt sie gerade noch rechtzeitig zum Broadway und in »A Chorus line«. Am nächsten Morgen entführt sie ihn zum Frühstück in die Plaza der City-Cooperation. Ein kleiner Innenhof, in dem runde Steintische stehen und zwischen Eukalyptusbäumen Chrysanthemen in Kübeln blühen. Männer und Frauen. Schwarze und Weiße. Manche tragen Kinder auf ihren Armen. Einige Männer lesen Zeitung. Andere kramen in Aktenkoffern oder machen sich Notizen. An einem der Steintische sitzen Mirna und Filip, sie trinken schwarzen Kaffee und essen Croissants. Er streift sie mit einem zärtlichen Blick: »Ein jeder neuer Tag mit dir ist aufregender als der vergangene. Du zeigst mir eine neue

Welt.« – »Nein. Nur das normale Leben. Dein Staatsministerleben ist eine künstliche Welt.« – »Stimmt. Manchmal komme ich mir vor wie unter einer Käseglocke. Beschützt. Alles ist fremdbestimmt, durchgeplant, vorbereitet, immer Sachzwänge.« – »Deshalb muß ich dich da manchmal herausbrechen. Filip, das Leben ist bunt und aufregend, doch davon merkst du nichts in der Treibhausatmosphäre deines Ministeriumsalltags. Deine Welt ist nicht meine Welt. Sie wirkt auf mich oft abstoßend; sie knistert vor Macht. Du bist ein exzellenter Staatsschauspieler und verstehst es geschickt, Minen zu legen. Die von ihnen Vernichteten wissen nicht, wer ihnen den tödlichen Stoß versetzt hat.«

Auf Filips Stirn entstehen steile Falten. Er wirkt nachdenklich und hilflos, als er antwortet: »Du mußt mich in meine Welt zurücklassen. Es wird Zeit. Wir müssen zum Flughafen.«

Am Mittag fliegen sie mit einem Shuttle nach Washington. Für sie ist eine Suite im Watergate Hotel reserviert. Konferenzen, Empfänge. Arbeitsessen mit amerikanischen Regierungsmitgliedern. Abendliche Einladungen vom Deutschen Botschafter oder amerikanischen Politikern und Industriellen, die Mirna für seine Tochter halten. Er widerspricht ihnen nie. Die Tage sind ausgefüllt mit Terminen. Filip bittet Mirna, ihn überall hin zu begleiten. Er möchte sie ständig um sich haben. Er macht ihr manchmal Szenen, wenn sie eigenen beruflichen Interessen nachgeht, wenn sie zum Beispiel einen Besuch macht bei Professor Smith, dem Vater des Science Court, und sich mit ihm mehrere Stunden unterhält. Die Tage sind randvoll gepackt mit Terminen und Begegnungen. Vor ihnen liegt ein freies Wochenende.

Sie will Lima sehen

Zehntausend Meter über der Erde. Der Mond liegt auf den Wolken. Südamerika. Manchmal Städte am Boden wie gepunktete Inseln und Lichterketten in der Nacht. Mirna hatte auf Business

Class bestanden. Filip gab nach. Von seiner Angst beim Fliegen spricht er nicht. Er wirkt heiter und entspannt. Mirna erzählt ihm von Vargas Llosa und konfrontiert ihn mit einigen Szenen aus dessen Buch »Die Stadt und die Hunde«. Eine Stewardeß bringt Filip ein Kissen. Mirna legt es unter seinen Kopf, streichelt über seine Hände, bis sie an den gleichmäßigen Atemzügen erkennt, daß er eingeschlafen ist.

Gegen Morgen schlingt sich ein blaßrotes Band um die Welt. Sonnenaufgang. Der Himmel brennt. Bergketten. Schneegipfel und zerklüftete Täler wechseln sich ab. Nach Sonnenaufgang Landung in Peru. Flughafen Lima. Ein feuchtheißer Morgen. Die Luft steht. Lima liegt unter einer Dunstglocke. Sie fahren mit dem Bus in die peruanische Hauptstadt. Zu beiden Seiten der Avenida flache Garagenhäuser. Müllhaufen. In Zäunen verfängt sich aufgewirbeltes Papier. Indios stehen zusammen, reden, dabei bewegen sie temperamentvoll ihre Hände. Aber ihre Augen blicken teilnahmslos in die Welt. Durchs offene Fenster dringen fremdartige Laute in den Bus.

Dort, wo die Avenida vierspurig wird, Marktstände, exotische Gerüche. In geflochtenen Körben Papayas, Mangos, Guayabas. Chirimoyas. Nun tropische Bäume, später Hochhäuser. Parkanlagen. Blumenverkäufer. Die Polizisten tragen weiße Tropenhelme. Eine Palmenallee führt nach Isidro hinauf. Dort – wie in Mira Flores und im Barranco – direkt am Pazifico leben die Reichen der Stadt. Einige Straßenzüge weiter die Steilküste. Der Bus fährt durch eine Eukalyptusallee nach Mira Flores. Paläste liegen in tropischen Gärten, von Mauern umgeben. Die Balkone holzgeschnitzt. Filigranarbeit, dunkel von der Zeit.

Auf der Fahrt nach Lima wird Mirna der scharfe Kontrast der Sozialstruktur deutlich. Die einen leben in Garagenhäusern, die anderen in Palästen. Zu Filip sagt sie: »Und wir werden die kommenden Nächte im Nobelhotel ›Cäsar Mira Flores‹ verbringen. Das bedrückt mich.« – »Schieb es weg. Du mußt nicht immer so empfindsam reagieren.«

Inzwischen sind sie im Hotel angekommen und in ihrem Zimmer. Mirna packt ihren Koffer aus, hält unvermittelt inne, sagt: »Filip, ich will meine Gefühle nicht wegdrücken, wie du das machst.« Sie faßt mit ihren beiden Händen nach seinen Schultern, schüttelt ihn. Filip wird böse: »Zügle dein Temperament und rühre nicht an dem, was man Gewissen nennt. Das kann ich in meinem Job nicht gebrauchen.« – »Welch merkwürdige Sprache du sprichst.« Da legt er seinen Arm wie schützend um sie und zwingt sie sanft, ans Fenster zu gehen. Mirna denkt, er versucht mich wieder abzulenken. Wahrscheinlich kann er nicht anders.

Sie schaut aus dem Fenster auf die südamerikanische Stadt, die daliegt, wie mit Sandschleiern verhangen. Sie windet sich aus seiner Umarmung, geht ins Bad, öffnet den Wasserhahn, duscht heiß und kalt, bis sie sich besser fühlt. Dann schlüpft sie in ein weißes Baumwollkleid. Filip steht in der Tür und hat ihr unbemerkt schon eine Zeit zugesehen. Mehr zu sich selbst sagt er: »Es gibt Augenblicke, in denen ich mich beneide.« Mirna steht vor dem Spiegel, den sie als Brücke benutzt, um ihn nicht direkt anschauen zu müssen. Leise sagt sie: »Ich möchte Lima sehen.«

Filip zeigt ihr die peruanische Hauptstadt. In einer schwarzen Limousine fahren sie über die dreispurige Avenida, die unmittelbar vor der Placa de San Martin zur schmalen Straße wird. Während der Fahrt merken sie, daß sie in einem gepanzerten Auto sitzen. Links das berühmte Hotel Bolivar. Zeitungsverkäufer. Schuhputzer. Seniores, die Zeitung lesen. In den Straßen drängen sich die Indios massenweise. Filip und Mirna werden von einem Leibwächter begleitet, den ihnen der Hoteldirektor geradezu aufgedrängt hatte. Die Seniores sitzen an Hauswänden und verkaufen tropische Früchte. Eine Indiofrau schiebt eine Holzkarre mit Riesenbohnen. Auf dem Bürgersteig überfüllte Mülleimer. Drüben die Kathedrale, die für den Papst neu gestrichen wurde. Als sie durchs Portal gehen wollen, faßt eine Frauenhand nach Mirna. Sie erschrickt. "Grande gringa, por favor...« sagt die Frau, die Mirnas Handflächen anschaut und Unverständliches murmelt. Mirna starrt wie gebannt auf das, was die Frau mit ihren Händen macht. Aber dann lenken sie deren lange Ohrringe ab, in Silber gefaßte, leuchtendviolette Glassteine. Auf einmal versteht Mirna, was die Peruanerin sagt: »Deine Lebenslinie ist lang und stark. Ein Mann, die große Liebe.« – »Sei still«, sagt Mirna, »ich will es nicht wissen.« Sie gibt ihr eine Handvoll Münzen. Noch in der Kathedrale hört sie, wie die andere hinter ihr herschreit: »Strega, Strega.« – »Was heißt das?« fragt Filip. – »Hexe.«

Am späten Nachmittag fahren Filip und Mirna durch Mira Flores hinaus an den Pazifico in den Barranco zu Mario Vargas Llosa. Bleiches Licht. Straßencafés, Galerien, Restaurants, stilvolle Häuser. Breite, gepflegte Avenidas. Llosas Villa liegt eine Straßenbreite vom Pazifico. Er kommt die Treppe herab. Hochgewachsen, schmal, europäisches Gesicht, scharfgeschnittene Züge. »Buenas tardes«, begrüßt er die Gäste. Llosa verbeugt sich leicht vor Mirna und deutet einen Handkuß an. Wenig später betreten sie das Haus und einen großzügigen Raum mit weiß getünchten Wänden, modernen Grafiken, kostbaren Plastiken. Zum Pazifico ein Fenster über eine ganze Wand. Körbe mit Efeu und exotischen Pflanzen, die Schatten an die Decke werfen. Zum Garten hin steht die Tür auf. Eine Hibiskushecke, hinter der Indios versuchen, unauffällige Wächter zu sein. Aus der Ferne dringt der Lärm Limas, dann, wenn die Brandung schwächer wird.

Leise tritt ein Indio ins Zimmer, bringt Gläser, Wasser und Whisky. Mirna fallen Llosas große, breitflächige Hände auf. Sie staunt über die Eleganz, mit der er sie bewegt. Es dauert nicht lange, bis er seine Distanz aufgibt und von sich berichtet. In den nächsten Stunden erfahren sie, daß Schreiben seine Berufung ist. Daß er methodisch arbeitet, seine Manuskripte mit Bleistift schreibt auf eine ganz geordnete Weise. »Doch, das bin ich nur in der Literatur«, sagt Llosa, »ansonsten bedeutet Ordnung für mich, den Wahnsinn in eine Zelle zu sperren. Ich recherchiere, um zu lügen. Ich transferiere die Gespenster meiner Persönlichkeit in Figuren, die ich handeln lasse. Ich schreibe Romane über das, was ich nicht leben kann. Meine Romane sind eine lügenhafte Version meiner Gegenwart. Eine Fiktion. Mein Leben ist anders. Der Roman gibt mir das, was mir das Leben verweigert. Damit erreiche ich eine gewisse Ordnung, die es mir ermöglicht, das Chaos meines Lebens zu ordnen.« Es ist Nacht, als Vargas Llosa Filip und Mirna durch den Garten bis zum Tor geleitet.

Am nächsten Morgen fliegen sie ins Jequetepeque-Tal. Filip will sich dort noch das deutsch-peruanische Staudammprojekt

Gallito Ciego anschauen. Eine Stunde Flug nach Trujillo. Landung bei bedecktem Himmel. Wüste. Sand. Dahinter das Meer. Im Landesinneren hohe Berge. Sie steigen nun in einen Hubschrauber bei laufenden Rotoren. Start. Im Tiefflug über die Wüste. Sanddünen. Drunten zartes Grün in abgezirkelten Feldern. Lehmhütten, dicht aneinandergedrängt. Mit Anlauf über gewaltige Bergketten. Sie überfliegen ein Tal und Reispflanzen in Wasserfeldern, über denen weiße Vögel fliegen. Weiter oben eine gewaltige Mauer zwischen die Berge gehängt. Der Staudamm Gallito Ciego, der seinen Namen bekam von den blinden Hühnchen, den Gallito Ciegos, die von den Inkas in die umliegenden Felshöhlenwände geritzt wurden.

Filip erzählt Mirna, daß die Pueblos im Tal bereits 1963 die Regierung ersuchten, den Staudamm zu bauen. Sie wollten Wasser haben für ihre Felder. Aber es dauerte noch zehn Jahre, bis das Projekt verwirklicht werden konnte. Und wahrscheinlich werden noch acht Jahre ins Land gehen, bis es fertig ist. Dann soll es in der Nordwüste von Peru so viel Wasser geben, daß auf einigen Quadratkilometern Land zusätzlich Reis angebaut werden kann. Wahrscheinlich sogar zweimal im Jahr.

Der Pilot, ein Indio, fliegt in einem waghalsigen Manöver die Berghänge ab, die einmal den Stausee beherbergen sollen. Während Filip dies genießt, verkriecht sich Mirna in ihren Sitz. Der Indio zeigt auf die Orte, die im Stausee verschwinden werden, fast tonlos sagt er: »Sie heißen Chungal, Monte Grande und Tembladora. In unserem Tal wird sich der Traum der Pueblos nach mehr Wasser bald erfüllen. Sie werden mehr Land bewässern und mehr Reis ernten, aber fast zweitausend von ihnen müssen ihre Häuser und Felder verlassen. Die Regierung versprach ihnen eine neue Heimat und neue Felder. Aber bis heute ist nichts geschehen. Wir befürchten, daß sie nicht Wort halten wird. Nun gibt es Unruhe im Tal. Die Pueblos blockierten kürzlich auch die Straße zum Staudamm. Es gibt keine Messe, in der nicht für Gallito Ciego gebetet wird, und trotzdem frage ich mich häufiger, warum sich Deutschland in mein Tal gedrängt hat.«

Während Mirna übersetzt, was der Indio gesagt hat, landet der den Hubschrauber im Sand. Es ist stechend heiß, aber die Sonne scheint nicht im Obertal des Rio Jequetepeque. Sie stehen vor den halbfertigen Staudammschleusen. Dann gehen sie über eine ausgetrocknete Straße mit unendlichen Schlaglöchern. Links der Rio Caramara, rechts verbranntes Gras in ausgetrockneten Feldern. Sie gehen weiter flußabwärts bis zum Fuß des Caramara. Irgendwann erreichen sie die große Straßenkreuzung der Pan-americana. Hier wird einmal das neue Dorf entstehen. Sie werden es hineinbauen in die Wüste. Dort landet der Hubschrauber, der sie gegen Abend zurückbringen wird nach Trujillo.

Das letzte Licht spielt mit den Bergen, legt Schatten in die Schluchten. Es ist Nacht, als sie die Linienmaschine nach Lima besteigen. Als sie dort landen, sehen sie, wie aus einer Militärmaschine zehn Särge herausgetragen werden.

Er ließ ein Dossier über sie anfertigen

Auf dem Rückflug nach Europa sortiert Filip als erstes seine Reisebelege und macht handschriftlich eine Gesamtaufstellung aller Ausgaben. Fast entschuldigend erklärt er: »Sonst vergesse ich etwas, ich mache das immer so. Danach habe ich den Kopf frei für andere Dinge. Warum ordnest du deine Belege nicht?«

»Weil das meine Sekretärin macht.«

»Du könntest ihr das abnehmen.«

»Es gibt Dinge, die ich lieber mache.«

»Wo wir schon mal beim Geld sind, sollten wir die Kosten der Wohnung besprechen. Du hast bisher alles bezahlt. Was schulde ich dir?«

»Nichts.«

»So geht das nicht.«

»Das ist meine Sache, bis du deine Verhältnisse geregelt hast.«

»Ich überweise dir die Hälfte der Miete.«

»Das wirst du nicht tun. Ich überweise sie dir zurück. Du bist mein Gast. Wenn du möchtest, kannst du deine Getränke bezahlen, Bier, Whisky und Wein.«

»Du bist ein elender Dickschädel. So etwas habe ich noch nicht erlebt. Bisher bezahlte ich.« Filip faßt in seine Hosentasche, holt einen Schlüsselbund heraus, zeigt ihn Mirna.

»Schau, wie leer der ist. Vor unserer Reise nach Amerika habe ich den letzten Hausschlüssel zurückgegeben.«

Entsetzt schaut Mirna ihn an. »In den ganzen Monaten unseres Zusammenseins gab es noch andere Frauen? Das ist unglaublich.«

»Anstatt daß du dich freust, machst du mir eine Szene. Ich hatte dir gesagt, daß ich etwa zehn Monate brauche, um andere Frauengeschichten zu lösen.«

»Ich erinnere mich, daß du das gesagt hast. Aber so richtig für möglich gehalten habe ich das nie. Du, der Herr im grauen Flanell. Immer höflich und korrekt. Du hast nichts von einem Don Juan an dir. Ich kann es nicht fassen, daß du in den vergangenen Monaten mit anderen Frauen im Bett warst.«

»Sex und Liebe sind für mich zwei unterschiedliche Dinge. Ich brauche Sex. Ich trainiere Sex. Du bist über zwanzig Jahre jünger. Ich will dich noch glücklich machen, wenn ich ein alter Mann bin.«

»Unglaublich.«

»Ich hatte bis vor unserer Reise nach Amerika, über Europa verstreut, viele Geliebte. In jeder Stadt, in der ich regelmäßig war, hatte ich eine Freundin, und jede gab mir ihren Haus- oder Wohnungsschlüssel. Das war über viele Jahre gewachsen. Ich konnte diese Freundschaften nicht abrupt abbrechen. Ich mußte sie behutsam lösen. Aber nun habe ich das hinter mir.«

Mirna verstummt. Was ist das nur für ein Mann, denkt sie. Er führte ein ausschweifendes Liebesleben. Wenn ihn sexuelle Lust überkam, so hatte er ihr einmal erzählt, rief er eine seiner Freundinnen an und kündigte sich für zwei Stunden bei ihr an. Meist vormittags, da waren die Ehemänner nicht da. Manchmal auch nachmittags. Sein Fahrer brachte ihn hin und holte ihn wieder ab. Danach fühlte er sich fit. Oder er bat eine Frau nachts in seine Wohnung und schickte sie nach zwei Stunden wieder weg. Die wollen doch alle nur mal einen richtigen Mann im Bett, meinte er.

Mirna weiß, daß er einen hohen Sexbedarf hat. Sie ahnt, daß er unter ihrer Zurückweisung leidet. Ich bin erwachsen, denkt sie, und werde mich so benehmen. Wenn ich Probleme habe, mit ihm ins Bett zu gehen, muß ich wohl akzeptieren, daß er andere Frauen hat. Ich verstehe ihn zwar nicht, und seine unterschiedlichen Facetten bringe ich noch nicht zusammen. Kaum hörbar flüstert sie mehr zu sich: »Ich begreife die Frauen nicht. Ich könnte das nicht.« Filip antwortet sofort: »Du bist eben anders. Aber um das herauszubekommen, brauchte ich Zeit. Du wirkst nicht so. Im Gegenteil, du strahlst Erotik aus. Du machst die Männer an und merkst es nicht einmal. Warum nur bist du so abweisend. Ich brauche Sex und habe nicht immer Zeit für gefühlvolle Turtelei, Getändel und Gepläinkel. Ich bin rasend vor Eifersucht auf die Männer deiner Vergangenheit. Ich wollte sicher sein, daß mir in Bonn niemand begegnet, der mit dir im Bett war, und wenn, dann wollte ich darauf vorbereitet sein. Außerdem interessierte mich dein Geschmack. Deshalb habe ich im Frühling ein Dossier über dich anfertigen lassen.« – »Du lügst.« – »Nein. Wenn ich will, habe ich direkten Zugang zu den Geheimdiensten.«

Mirna spürt, wie Furcht in ihr hochkriecht. Sie sieht seinen abwartenden Blick, senkt die Augen, schließt sie, fragt: »Und welche neuen Erkenntnisse brachte dir das Dossier?«

»Es gab da einen Mann, der nun in Ispra ist. Er war früher im Wissenschaftsministerium. Mit dem warst du viel zusammen. Er spielte Panflöte für dich. Ich weiß das bereits seit einiger Zeit. Jemand hatte es mir erzählt. Ich wollte jedoch wissen, ob du mit einem meiner Mitarbeiter im Bett warst.« – »Auf die Idee, mich zu fragen, kamst du wohl nicht? Du schließt wohl von dir auf andere«, sagt sie. »Vielleicht. Aber so wie du ausschaust, ist das wohl auch naheliegend. Du warst mit einem jungen Architekten liiert.« – »Eine Kleinigkeit an deiner Information ist falsch. Er war Arzt.« – »Warum hast du dich von ihm getrennt?« – »Wir waren nie ein Paar.« – »Ihr hattet zwei Wohnungen in einem Haus.« – »In einem Mietshaus, zufälligerweise. Du bist wirklich gut informiert. Ehrlich Filip, du bist mir unheimlich. Die wichtigsten Beschäftigungen sind für dich Sex und Macht.« – »Du bist stark genug, das auszuhalten.« – »Ich weiß nicht, wie ich damit umgehen soll.« – »Denke daran, daß ich dich liebe. Ich bin

68

schier verrückt nach dir.« – »Wenn du auf solche Ideen kommst, glaube ich es fast.«

Mirna verkriecht sich in ihren Sessel. Filip trinkt einen Whisky nach dem anderen. Mirna fragt sich zum unzähligsten Mal: Was für ein Mann ist dieser Staatsminister? Er trägt die Maske des Korrekten. Er spielt den grauen Politiker, sagt, daß er der Minenhund des Ministers sei. Immer unauffällig. Aber an den Schalthebeln der Macht. Dennoch grundsätzlich in der zweiten Reihe. »Warum machst du das?« hatte sie ihn einmal gefragt. Worauf er geantwortet hatte: »Weil es so besser für mich ist und ungefährlicher.«

So erzieht man Kinder nicht

Filip ist nach Paris gefahren. Er verhandelt erneut mit den Franzosen über das Einleiten von Schmutzwasser in deutsche Gewässer und die Kosten für deren Reinigung. Der Rhein ist trotz aller nationaler Anstrengungen verseucht. Holland und Frankreich gehören zu denjenigen, die den meisten Dreck hineinkippen. Filip hatte Luisa und Peter vor seiner Abreise wieder mit Zahlen überrascht: »Anfang der siebziger Jahre wurden jährlich vierundzwanzig Millionen Tonnen Schmutz- und Giftstoffe an die niederländische Grenze transportiert. Es waren jeden Tag drei Tonnen Arsen, vierhundert Kilogramm Quecksilber, dreißigtausend Tonnen Kochsalzionen, sechzehntausend Tonnen Sulfate, zweihundertundzwanzigtausend Tonnen Nitrate und über hundert Tonnen Phosphate.«

»Da bleibt einem ja die Spucke weg«, sagt Peter. »Und was hast du dagegen getan, Filip?« Der erklärte: »Wir haben uns ganz massiv für das Bundesprogramm zur Sanierung des Rheins eingesetzt. Aber unser gestecktes Traumziel einer Gewässergüteklasse zwei ist noch nicht erreicht. Doch inzwischen hat sich der Sauerstoffgehalt des Rheins entschieden verbessert.«

In Bad Godesberg ist in ein paar Tagen Kirmes. Auf der Riga-schenwiese, hinter dem Stadtpark und gegenüber der Redoute werden seit Tagen schon Karusselle aufgebaut, Schiffsschaukeln, ein Riesenrad, Schießstände und viele Kaufbuden. Luisa und Peter sind nachmittags dort und schauen zu. Am meisten faszinieren sie die Zigeuner und ihre Holzwagen, die wie kleine Eisenbahnwaggons aussehen. Mirna verspürt manchmal einen Anflug von Traurigkeit, weil ihre Kinder so viel aushäusig sind, bei Freunden, auf Feten, im Kino, fast immer unterwegs. »Das muß so sein«, sagte Filip, und: »Sei froh, halte den Prozeß der Loslösung von der Mutter nicht auf.«

Das Telefon klingelt. Mirna nimmt den Hörer ab, Frank meldet sich. Seine Stimme klingt irgendwie anders als sonst: »Was ist passiert?« fragt Mirna. Und er: »Deine Luisa hat uns bestohlen. Paulas Sparbüchse ist leer. Sie war voller Zehnmarkscheine.«

»Das kann nicht sein«, sagt sie gepreßt. »Ich werde Luisa fragen, wenn sie heimkommt.« Und Frank erwidert: »Sie wird es dir bestimmt nicht sagen. Ich komme vorbei und rede mit ihr, ich will sie überraschen.«

Frank kommt, gibt Mirna kurz die Hand, geht weiter in Luisas Zimmer, wenig später kommt er mit hochrotem Kopf in die Küche. Er lehnt sich mit einem heftigen Ruck an den Geschirrschrank. Der schwankt, Mirna befürchtet, daß er umkippt. Frank wütend: »Luisa leugnet, das war zu erwarten. Aber sie hat das Geld. Ich bin sicher.« Frank hört nicht auf das, was Mirna sagt, er geht.

Luisa kommt in die Küche: »So 'ne Gemeinheit. Ich gehe nicht mehr auf den Rosenhof, und wenn du noch so weit verreisen solltest und noch länger wegbleibst als bei deiner Amerikareise. Ich habe das Geld nicht genommen.« Mirna hört still zu. Luisa teilt noch mit, daß die Kirmes an diesem Abend eröffnet wird. »Ich geh mit meinen Freunden hin, um halb zehn bin ich wieder da.«

Luisa kommt um neun, sie ist gut gelaunt, legt einen großen weißen Plüschteddy auf den Tisch. »Den habe ich auf der Kirmes geschossen und die Süßigkeiten auch.« Mirna kann ihr nicht glauben.

Gegen Mitternacht ruft Mirna Filip in Paris an. Sie erzählt ihm alles. Filip rät: »Geh morgen nachmittag mit Luisa auf den

Kirmesplatz. Du mußt das herausbekommen, recherchiere es wie eine Story, laß die Gefühle weg und gib Luisa keine Chance zum Lügen. Laß dir von ihr auf der Kirmes den Stand zeigen, an dem sie den Teddy geschossen hat und die Süßigkeiten, und stell sie dem Schausteller gegenüber, dann wirst du sehen.«

Am nächsten Tag geht Mirna etwas früher nach Hause. Luisa ist erstaunt, als sie vor ihr steht. Mirna sagt:»Ich möchte mit dir auf die Kirmes gehen und hätte gerne, daß du mir zeigst, wo du die Sachen geschossen hast.« Sie läßt ihr keine Zeit zum Nachdenken. »Hol den Bär«, fügt sie freundlich hinzu. Sie gehen über die Brunnenallee an der Redoute vorbei durch den Godesberger Stadtpark zur Rigaschenwiese. Luisa deutet auf eine Bude, sagt:»Hier war es.« Darauf Mirna:»Dann laß uns hinübergehen.« Luisa aggressiv:»Muß das sein? Du kannst mir glauben, ich habe den Teddybär dort geschossen.«

»Trotzdem möchte ich mich überzeugen.« Mirna begleitet sie zur Bude. Höflich fragt sie den Mann, ob Luisa gestern den Bären bei ihm geschossen habe. Der antwortet:»Bei mir gibt's keine Bären.« – »Und Süßigkeiten?« fragt Mirna. »Bei mir gibt's nur Bärendreck, und außerdem sehe ich die junge Dame zum ersten Mal.« Luisa sagt:»Ich habe mich vertan, das war die andere Bude, dort drüben.« Aber auch da kennt man Luisa nicht. Sie gehen noch zu zwei weiteren Buden, und alles wiederholt sich.

Mirna sieht, wie Luisas Gesicht zur Maske wird. Schweigend gehen sie den gleichen Weg zurück und die vier Treppen hinauf in ihre Wohnung. Mirna betritt die Küche, setzt Teewasser auf. Luisa steht herum:»Du könntest den Tisch für uns decken und nachschauen, ob in der Dose noch Gebäck ist.« Luisa deckt den Tisch in ihrem Zimmer. Als Mirna die Türe öffnet, brennt eine Kerze. Sie hört einen Song der Smokys. Der Kater Narziß sitzt neben Luisa auf dem Sofa und frißt ihr Gebäckbrösel aus der Hand. Mirna setzt sich zu ihnen:»Es sieht fast so aus, als hättest du das Geld genommen.« Luisa erwidert ruhig:»Das sieht so aus. Aber ich war es nicht.« – »Woher hast du das Geld für den schönen Kuschelbären?« – »Du würdest mir sowieso nicht glauben, deshalb sage ich nichts.« Luisa streichelt den Kater. Mirna sieht, daß es keinen Sinn macht, sie weiter zu fragen.

Luisa ist verschlossen. Sie sitzen nebeneinander, trinken Tee, und Luisa krault gedankenverloren den Kater.

Nun steht Mirna auf, geht zum Fenster, zieht die Vorhänge etwas zur Seite, schaut auf die angestrahlte Godesburg und hinunter auf die Stadt. Der Verkehr ist hier oben im Stadtwald nur als leises Summen zu hören. Sie steht eine ganze Zeit so da. Dann setzt sie sich wieder zu Luisa. Sie ist kaum zu verstehen, so leise spricht sie:»Ich habe zurückgedacht an die Zeit, als ich so alt war wie du. Damals half ich während der Sommerferien in einem Laden aus. Ich nahm fünf Mark aus der Kasse und kaufte mir dafür einen bunten Sommerrock, den ich seit Tagen schon in einem Schaufenster gesehen hatte. Ich bekam damals eine Mark Taschengeld, und was ich in den Ferien verdiente, mußte ich abgeben. Das war Anfang der fünfziger Jahre so. Die Zeit nach dem Krieg. Ein Brötchen kostete sechs Pfennige, und für zehn Pfennige konnte ich eine ganze Tüte Waffelbruch kaufen. Du merkst, fünf Mark waren ziemlich viel Geld. Natürlich trug ich den Rock, und mein Vater merkte sofort, daß er neu war. Er fragte mich, woher ich das Geld hatte, und ich erfand eine Geschichte. Nach einigen Tagen bedrückte mich die Lügerei derart, daß ich ihm die Wahrheit sagte. Er schlug mich. Dann rannte er aus dem Haus. Ich sah ihm nach. Er ging die Straße hinauf über die Kreuzung. Da wußte ich, daß er in das Geschäft gehen würde, in dem ich den Sommer über ausgeholfen hatte. Nach einer Zeit kam er zurück. Er stand vor mir. ›Du Diebin‹, brüllte er, ›ich habe das Geld wieder zurückgebracht. So eine Schande für die Familie.‹«

Mirna sieht ihre Tochter an, sie nimmt ihre Hand, sagt:»Erinnerst du dich? Ich habe zu euch gesagt, gleichgültig, wie schlimm das ist, was ihr anstellt, sagt es. Ich werde helfen, es in Ordnung zu bringen. Das gilt auch heute noch.« Luisa steht auf, kommt mit einer Schachtel Pralinen zurück, gibt sie Mirna. Die öffnet den Deckel, nimmt eine Hülle heraus, faltet das roséfarbene Papier auseinander und hält einen klein zusammengefalteten Zehnmarkschein in der Hand. Luisa sagt, daß sie neunzig Mark ausgegeben habe.

Mirna bringt ihren Freunden das Geld am nächsten Tag. Der Weg auf den Rosenhof fällt ihr schwer, und sie schämt sich.

Filip kommt aus Paris zurück, er ist mit Mirnas Handlung

nicht einverstanden und reagiert heftig, weil sie das Geld zurück-brachte und Luisa nicht bestrafte. »Du bist zu gut. So erzieht man Kinder nicht.« – »Ich kann nicht strafen, wenn ich ver-sprach, daß ich helfen werde, den Fehler in Ordnung zu bringen. Es ist mir wichtiger, daß Luisa mir vertraut. Außerdem meine ich zu spüren, daß sie nicht damit zurechtkommt, daß es dich in mei-nem Leben gibt. Ich bin zuviel weg und habe weniger Zeit für meine Kinder.« – »Das glaube ich nicht. Du mußt härter durch-greifen, sonst wirst du noch schlimme Erfahrungen machen.«

»Da bin ich anderer Ansicht. Mir zeigt Luisas Verhalten, daß ihre Seele um Hilfe schreit. Möglicherweise verkraftet sie es nicht, daß wir zusammen sind. Nach außen hin zeigt sie nicht, wie es in ihr aussieht. Zwischen meiner Tochter und mir besteht eine starke Bindung, es könnte sein, daß Luisa Angst hat, mich zu verlieren. Ich denke, daß ich gerade als alleinerziehende Mutter auf die Gefühle meiner Kinder Rücksicht nehmen muß, vor allem nach der Scheidung von ihrem Vater. Für mich ist es ganz ein-deutig, daß Luisa mit dieser Geschichte auf sich aufmerksam machen wollte. Da ich ihr Bedürfnis nach Nähe nicht bemerkte, versuchte sie, auf diese Weise meine Aufmerksamkeit zu erlan-gen. Das hat mich nun tatsächlich wachgerüttelt und aufs äußer-ste sensibilisiert.«

Ballnacht

Der letzte Freitagabend im November. Der Staatsminister sitzt an seinem Schreibtisch im Ministerium. Sein Blick schweift aus dem Fenster und weiter über die Stadt, er verweilt auf einer Brücke weit draußen am Horizont, die die Bonner Harfe nennen. Sie ist mit schweren Stahlseilen über den Rhein gespannt. Filip Berg schaut hinaus in die Nacht und den Lichterschlangen der Autoketten zu, die sich über die Autobahn in die Stadt hineinwäl-zen. Dann steht er auf, geht in seinem Büro auf und ab. Auf diese

Weise bekommt er seinen Ärger besser unter Kontrolle. Es paßt ihm nicht, daß Mirna auf den Bundespresseball geht, der in dieser Nacht in der Beethovenhalle stattfindet, und sich von diesem jungen Schweizer Biologen begleiten läßt, mit dem sie sechs Wochen in Amerika herumreiste, bevor Filip sie näher kennenlernte. Er blickt auf die Uhr: »Wenn ich mich beeile, könnte ich es noch schaffen.« Weil es ihm zu lange dauert, seinen Fahrer zu rufen, nimmt er einen Wagen der Dienstbereitschaft.

Eine Viertelstunde später steht er vor Mirnas Wohnungstür. Sie öffnet ihm in dem schwarzen, schlichten Abendkleid, das sie gemeinsam für ihre Armerikareise ausgesucht hatten. Aber dort gab es keine Gelegenheit, es zu tragen. Filip verbeißt sich den Satz, den er sagen will. Er ärgert sich, daß sie das Kleid erstmals trägt, wenn sie mit einem anderen ausgeht. Mirna ist überrascht: »Ich denke, du bist in Wiesbaden?«

»Ich dachte, daß es schöner sei, dich zum Abendessen mit deinem Freund Manuel zu begleiten. Ihr trefft euch doch auf dem Heiderhof bei ›Da Bruno‹?« Mirnas Antwort fällt mit dem Klingeln an der Tür zusammen. Filip geht, öffnet, Roland steht im Smoking vor ihm. »Sie, Herr Staatsminister«, sagt er leicht gedehnt. »Wie Sie sehen, Herr Wissenschaftler, bin ich hier. Ich begleite Sie und Mirna zum Abendessen.«

Zum Bundespresseball fahren sie im Taxi. Filip hatte sich mit dem Hinweis verabschiedet, er habe noch im Ministerium zu tun. Im Eingang der Beethovenhalle stehen Menschenschlangen in Abendroben. Der Bundespräsident hatte um acht Uhr mit der Gattin des Vorsitzenden der Bundespressekonferenz den Ball eröffnet. Im Festsaal sitzt die Prominenz an langen Tafeln in gedämpftem Licht, umgeben von kunstvollen Blumenarrangements. Auf der Bühne zwei Kapellen. Die Musik etwas zu laut. Auf der Tanzfläche dichtgedrängte Paare, dazwischen Fernsehkameras. Gerda Turm fällt auf mit einem goldenen Stirnband. Manche Frauen haben Blüten im Haar. Mirna und Manuel mischen sich unter das Gewühl und nicken da- und dorthin einen Gruß. Sie tanzen auf der engen Fläche und haben Mühe, sich nicht auf die Füße zu treten.

Später schlendern sie von einem der festlich geschmückten Säle in den anderen. Überall spielen Bands und tanzen Menschen. An den Bars stehen Politiker mit Journalisten in kleinen Grüppchen zusammen. Minister machen mit ihren Pressesprechern die Runde, bleiben manchmal stehen, begrüßen, gehen von einem zum anderen. Über dreitausend Menschen in Abendroben, im Smoking oder Frack defilieren durch die Beethovenhalle. Reden. Essen. Tanzen. In dieser Nacht ist nur eins wichtig: sehen und gesehen zu werden. Mirna wird immer wieder angesprochen. Und einmal sagt sie ärgerlich: »Es gibt plötzlich so viele Leute, die sich für mich interessieren. Das muß wohl an der Freundschaft zu Filip liegen. Früher wären die doch gar nicht auf die Idee gekommen, sich länger als beruflich notwendig mit mir zu unterhalten.«

Manuel beugt sich leicht zu ihr hinab, umarmt sie dabei eine Spur zu heftig: »Wie ist das Zusammensein mit ihm, sei ehrlich!« Mirna blickt zu ihm hinauf: »Ich gebe mein lustiges Leben auf…« – »Es ist schon freundlich von ihm, daß er uns allein auf den Bundespresseball gehen läßt.«

»Vielleicht hast du recht«, sagt sie nachdenklich, »aber ich muß dir gestehen, daß es Augenblicke gibt, in denen ich es aufregend finde, daß ich mit einem Menschen zusammensein kann, der von der Öffentlichkeit wie das Goldene Kalb bedient wird. Das schmeichelt und verleiht eine gewisse Wichtigkeit. Ich lerne interessante Menschen und Zusammenhänge kennen, bekomme Einblicke in politische Bereiche, in ökologische Zusammenhänge, zukünftige Entwicklungen und Wissenschaftszweige, die mir früher unbekannt waren. Ich habe Anregungen, die ich sonst nicht erhalten würde. Hin und wieder habe ich Gelegenheit, mit hochqualifizierten Persönlichkeiten aus Wissenschaft, Wirtschaft und Politik zu diskutieren, und zwar national wie international. Durch ihn erlebe ich, wie Politik gemacht wird und funktioniert.«

Manuel preßt sie an sich: »Hast du tatsächlich in deinem Journalistinnenalltag keine Gelegenheit, einen Staatsminister aus der Nähe zu sehen?« Mirna tritt ihm absichtlich auf den Fuß. Sie zischt: »Ich kann es nicht erwarten, mich vor der Macht zu verbeugen.« Manuel, wieder freundlich: »Das sieht dir ähnlich, und trotzdem habe ich keine Lust, mir von dem Staatsminister die Ballnacht verderben zu lassen.«

Sie haben die ganze Nacht durchtanzt und gehören zu den letzten, die gegen Morgen die Beethovenhalle verlassen und in ein Taxi steigen. Mirna begleitet Manuel in seine Wohnung in der Südstadt. Dort trinken sie Kaffee. Dann fährt sie nach Hause. In ihrem Bett liegt Filip. Sie stößt einen Schrei aus und begreift sofort sein Mißtrauen. »Wie dumm du bist«, sagt sie, »und wie schön es ist, daß du da bist.« Sie streift ihr Kleid ab, läßt es achtlos auf den Boden fallen.

De Luxe

Die de Luxe, wie die Staatsminister in Bonn genannt werden, treffen sich mittwochs um neun Uhr dreißig im Bundeskanzleramt. Bislang führten sie eher ein machtvolles Schattendasein. Sie kannten sich kaum untereinander, trafen sich selten im Kabinett. Einen organisierten Gedankenaustausch über ihre Arbeit in den Bonner Ministerien gab es nicht. Die administrative Leitung des Ministeriums liegt in den Händen der beamteten Staatssekretäre. Die politische Führung ist Sache des Ministers, dabei wird er unterstützt und vertreten vom Parlamentarischen Staatssekretär, dem PST, und in besonderen Fällen vom Staatsminister, dem STM.

Bundeskanzler Alban Wander machte Paul Turm zum Staatsminister und somit zum Chef des Bundeskanzleramtes. Turm begriff schnell, welchen Machtapparat Staatsminister und Staatssekretäre darstellten, deren intime Kenntnis des Ministeriums durchweg besser war als die des Ministers und die zudem einen hohen Sachverstand repräsentierten. Turm nahm sich vor, diesen zur Ausweitung seiner Macht zu nutzen. Deshalb lud er die STS und STMs allwöchentlich ins Bundeskanzleramt ein. Seine Absichten verbarg er geschickt, indem er sich Sorgen und Probleme vortragen ließ und konstatierte: »Wir vom Bundeskanzleramt sind dazu da, Ihre Probleme zu beseitigen.« Turm erfuhr von den Problemfällen und wußte dadurch, was in den verschiedenen Ministerien lief. Sein Informationsvorsprung wuchs ins Immense.

Die Bonner Interessengruppen aus Industrie, Wissenschaft, Banken, Verbänden und anderen Organisationen begriffen bald, wo die Fäden der politischen Machtzentralen zusammenliefen. Deshalb wurden die de Luxe auf einmal zum Abendessen in die feinsten Restaurants von Bonn und Umgebung eingeladen. Weil freundschaftliche Berufskontakte leichter geknüpft werden konnten, wenn die Gattinnen in gesellschaftliche Ereignisse mit einbezogen wurden, folgten Einladungen zu exklusiven Konzerten in La Redoute, auf Schloß Brühl und Bahnhof Rolandseck. Es gab Operngalas und andere illustre Veranstaltungen. Selbst die Theatermacher Fürst und Tannenburg kamen auf die Idee, die de Luxe und ihre Gattinnen zu Premieren und anderen Theaterereignissen einzuladen.

Die in Bonn akkreditierten politischen Journalisten, Mitglieder der Bundespressekonferenz, denen die Aufnahme in den elitären Presseclub geglückt war, luden die de Luxe zum Abendessen, zu ihren Sommerfesten und zum Katerfrühstück nach dem Bundespresseball in den Presseclub ein. Dort betrieben sie auf informelle Weise Kontaktpflege, die in Karlchens Bar im Keller des Presseclubs intensiviert wurde. So entstanden Zweckfreundschaften. Und wer abends bei Karlchen saß und sah, wer sich mit wem traf, konnte die Informationswege in den Medien nachvollziehen.

Im Dezember gab es das Weihnachtsessen, zu dem die Herren im Smoking und die Damen im Abendkleid zu erscheinen hatten. Die Gattinnen loste man als Tischdamen aus. Böse Zungen behaupteten, daß bei solchen Anlässen den de Luxe die Unattraktivität ihrer Angetrauten bewußt wurde, da die Herren von ihren Gesprächspartnern im Beruf, zu denen auch Frauen gehörten, geradezu verwöhnt waren. Es hieß, daß sich die Staatsminister langweilten, weil die Konversationen nach dem gleichen Muster abliefen und sich etwa so anhörten: »Haben Sie auch soviel zu tun wie mein Mann? Der war gerade in Korea.« Und dann folgten die Schulprobleme der Kinder.

Die Frauen trafen sich regelmäßig zu Damentees. Die Staatsminister rümpften darüber ihre Nasen, weil dabei alles Private durchgehechelt wurde und mit Vorliebe die Affären der Minister. Von denen ihrer Männer hatten die Damen freilich keine Ahnung.

Der Herr im grauen Flanell

Am vorletzten Tag im Oktober hatte Filip Berg einen seiner großen Auftritte im Parlament. Mirna überarbeitete seine Rede über Grundsatzprobleme der Zukunftswahrung und Naturschutz mehrfach. Filip hatte sie selbst geschrieben. Er schenkte ihr sein handschriftliches Exemplar. Tags zuvor saß er an ihrem Schreibsekretär und lernte den Text auswendig. Mirna hörte ihm zu und half ihm weiter, wenn er steckenblieb. Filip sagte: »Wie eine Souffleuse.« – »Vielleicht«, antwortete sie. Es war ihr jedoch anzumerken, daß sie an etwas anderes dachte. »Ich möchte dich sehr herzlich bitten, daß du dich auf meine Rede konzentrierst. Ich muß eine gute Figur machen«, sagte er bestimmt. Das war gestern.

Heute scheint die Sonne in Bonn. Mirna fährt am Nachmittag ins Bundeshaus, ihr Weg führt am Ännchen vorbei, Godesbergs ältestem Restaurant. Nun befindet sie sich auf der B 9, der Diplomatenrennbahn. Nach dem Hochkreuz schaut sie auf die Sternbauten von Forschungs-, Bildungs- und Justizministerium. Ein wenig später auf derselben Seite die CDU-Schaltzentrale, gegenüber die SPD-Baracke. Nun das Regierungsviertel. In der Heussallee parkt sie. Mirna spaziert unter hohen Kastanienbäumen, sie bückt sich manchmal und hebt eine Kastanie auf, poliert sie am Ärmel, bis sie glänzt, steckt sie in die Jackentasche. Mirna biegt nach rechts ins Tulpenfeld, das wie frisch gewaschen aussieht nach dem Regen der vergangenen Tage. Vor dem Restaurant stehen Stühle und Tische auf der Terrasse. Journalisten, Beamte und Politiker sitzen in der Sonne und diskutieren oder lesen

Zeitung. Sie möchte sich dazusetzen, einen Kaffee trinken. Aber ein kurzer Blick auf die Uhr läßt sie weitergehen. Sie trifft Filip in der Weinstube des Restaurants, wo er mit seinen engsten Mitarbeitern zu Mittag ißt. Sie mustert ihn kurz. Er sieht elegant aus in seinem dunklen Anzug. Sie sagt: »Der Herr im grauen Flanell.« Dann faßt sie in ihre Jackentasche, holt die Kastanien heraus und gibt sie ihm. »Ich werde eine in der Hand halten als Talisman, während ich rede. Laß uns noch einen Whisky zusammen trinken.« Sie hebt das Glas auf ihn, neckt: »Wenn ich den intus habe, stehe ich über den Dingen.« Sie hört, wie neben ihr ein Mann zu einem anderen sagt: »Welch glänzende Erscheinungen hier versammelt sind.« Mirna begreift erst mit einer gewissen Zeitverzögerung, daß damit die Männer mit Glatzen gemeint sind. Sie schafft es gerade noch mit Mühe, ein Lachen zu unterdrücken.

Später im Parlament sitzt sie auf der Pressetribüne und hört Filip zu. Sie staunt, wie witzig Filip zwischendurch ist. Er spricht frei, schaut die Menschen an, die um ihn herumstehen, und einmal kommt es ihr vor, als zwinkere er ihr zu. Er bekommt Applaus, verbeugt sich. Staatsschauspieler, denkt Mirna. Am Abend sagt Filip: »Wenn ich mich heute schlafen lege, sollte ich zwei Gebete um Vergebung sprechen. Einmal für den vortragenden Minister für Zukunftsfragen, Ökologie und Freizeit, weil der nicht bei der Wahrheit blieb mit dem, was er über mich gesagt hat, und ein anderes Gebet um Vergebung für mich, weil ich doch manchmal eitel genug war, alles zu glauben.«

Ein Blockhaus im Wald

Mirna Palm sucht ein Haus. Sie liest Mittwoch und Samstag aufmerksam die Immobilieninserate im Bonner General-Anzeiger. Sie hat sich schon viele Häuser angesehen in den vergangenen Wochen, und nun ist sie wieder unterwegs. Mirna fährt aus Bad

Godesberg hinauf ins Marienforster Tal, an Pech vorbei und ein Stück weiter, bis sie nach Röttgen kommt. Dann steht sie vor dem Haus. Sie reibt sich die Augen, weil sie glaubt zu träumen. Aber auch danach steht es noch genauso da. Ein kleines Blockhaus am Kottenforst mit dunkelgrün gestrichenen Fensterläden und Türen, umgeben von einem verwilderten Garten mit einer Wiese, auf der Waldblumen wachsen und Pilze und auf der alte Eichen stehen, Birken, Tannen, Lärchen und am Ende des Gartens zum Wald hin eine hochgewachsene Weißtanne mit weit ausgebreiteten Zweigen. Das Blockhaus besitzt ein leicht vorspringendes Dach, von schweren Balken getragen, das Schutz bietet vor Regen und Sonne.

Es gibt noch andere Bewerber, aber Mirna bekommt das Haus. Die Miete kann sie bezahlen, und sie kann Mitte Januar einziehen. Sie will Filip zu Weihnachten damit überraschen. Am Morgen vor dem Heiligen Abend verfällt Filip beim Frühstück auf einmal in seinen geschäftsmäßigen Ton: »Wir werden uns nun länger nicht sehen. Weihnachten und Neujahr, du weißt, es geht nicht anders, ich muß in Wiesbaden sein. Und weil ich nun schon einmal dabei bin, über Unangenehmes zu reden, im Februar werde ich drei Wochen mit Wiesbaden und Freunden ins Mont-Blanc-Gebiet zum Skilaufen fahren.« Dann steht er auf, nimmt sie in die Arme: »Die schlechten Tage haben die gute Eigenschaft, daß sie vorbeigehen.« Dann küßt er sie und geht. Sie hat Mühe, nachzuvollziehen, wie Filip die beiden Leben leben kann, und ist erstaunt über die Leichtigkeit, mit der er damit umgeht. Sie versucht, an die neue Zeit zu denken, in der sie mit Filip leben wird.

Mirna und ihre Kinder verbringen Weihnachten allein. Luisa und Peter finden auf ihrem Schreibtisch einen weißen Briefumschlag von Filip, in dem jeweils drei neue Hundertmarkscheine liegen und seine offizielle Staatsministerskarte, auf der sie lesen: »Fröhliche Weihnachten, kauft von dem Geld, was Euch Freude macht.« Mirna wollte er Schmuck schenken oder Geld. Sie lehnte ab und wünschte sich seinen alten Bordkoffer und seinen schwarzen Spazierstockregenschirm. Beides findet sie in ihrem Arbeitszimmer mit einem Zettel, auf dem steht: »Weil Du Altertümer so liebst.«

Zwischen Weihnachten und Neujahr kommt Filip. »Ich hatte solches Heimweh nach euch«, sagt er, »und im Ministerium gibt es immer etwas zu tun.« Dann fügt er entschuldigend hinzu: »Aber ich kann nur auf eine Teelänge bleiben.« Mirna sieht ihn traurig an: »Wie lang ist eine Teelänge?« Und er: »Zwei Stunden.« Darauf sie: »Wenn du den Tee etwas zügiger trinken würdest, bliebe noch Zeit für einen kleinen Ausflug.« Nach dem Tee fahren sie nach Röttgen. Mirna zeigt ihm das Blockhaus, das bereits renoviert wird. Sie gehen von einem Zimmer ins andere und über die Treppe hinauf in den ersten Stock. Filip setzt sich auf den Teppichboden, zieht Mirna an sich: »Es ist märchenhaft.«

Sie leben seit drei Wochen im Blockhaus. Filip hat beim Umzug geholfen. Morgens steht er früher auf als sonst. Er heizt den Kachelofen, und wenn es geschneit hat, schippt er Schnee und legt manchmal einen Schneeball auf den Frühstückstisch. Luisa und Peter sind über den weiten Schulweg verärgert, was mit ein Grund ist, weshalb Filip so früh aufsteht. Er fährt die Kinder in die Schule.

Kurz vor Karneval reist Filip in den Skiurlaub. Er schreibt acht Karten: »Die umstehende Ansicht zeigt das Seitental des Mont Blanc mit dem Hotel. Die Skilifte sind nah. Die Gedanken gehen weiter und landen bei Mirna.«

Mirna kann sich genau vorstellen, wo Filip ist, denn sie hatte im gleichen Hotel einen Sommer mit ihrer Familie verbracht, als sie noch alle zusammen waren. Manchmal ruft Filip auch an. Nach einem solchen Telefonat schreibt er: »Heute ist die Stimmung gerettet, da wir miteinander sprechen konnten. Beflügelt davon ließ ich mich zweimal von einem jungen Hund auf die Hand küssen. Ansonsten ist alles gleichbleibend. Die Sonne scheint noch immer vom wolkenlosen Himmel. Ich werde Dir heute auf der Piste die Daumen drücken fürs gute Gelingen Deines Interviews. Dazu habe ich mir die Fausthandschuhe herausgelegt. Da geht es besser.«

»Heute habe ich Dich nicht erreicht«, steht auf der dritten Karte. »Früher hätte ich mich darüber aufgeregt. Jetzt, da ich überzeugt bin, daß wir bald ganz zusammenleben werden, nehme ich die Dinge technisch und nicht persönlich. Oder begehe ich damit einen Irrtum?«

Mirna kann Filip weder anrufen noch ihm schreiben. In der Welt, in der er nun lebt, darf sie nicht sein. An einem Sonntag im Januar schreibt sie auf ein Blatt Papier: »Ohne Dich über die Felder laufen und zugefrorene Pfützen mit den Schuhen aufhakken. Ohne Dich die kalte Wintersonne anschaun und die Eichelhäher davonfliegen sehn. Gestern hatte sich ein Reh im Garten verirrt. Eiszapfen hängen vom Hausdach, und über die Fenster hinauf blühen Eisblumen. Heute morgen schaufelte ich das Haus vom Schnee frei und einen Weg durch den Garten hinaus zur Straße. Dabei war mir recht wehmütig ums Herz, Du hättest mir sicher geholfen. Inzwischen ist es draußen Nacht geworden. Es ist kalt und stockfinster. Die Kinder lesen. Die Katze liegt zusammengerollt da. Deine Postkarten und Telefonate sind Einbahnstraßen. Sicher, ich hätte Dir auf dem Dienstweg, übers Ministerium schreiben können. Dann wären Dir meine Briefe täglich, in der Kurierpost versteckt, gebracht worden. Aber ich will mich nicht verleugnen, deshalb werde ich Dir die Zeilen in Deine Schublade legen, und irgendwann wirst Du sie lesen.«

»Wetter und Schnee sind noch in Ordnung«, schreibt Filip auf seiner nächsten Karte. »Ich habe aufgehört, die Hämatome an mir zu zählen. Mir ist gestern jemand mit Wucht ins Kreuz gefahren. Aber warum auch soll es meinem Körper besser gehen als meiner Seele. So bin ich also derzeit mit mir beschäftigt.« Und auf seiner letzten Karte liest Mirna:

»Hier bei mir ist alles unverändert. Sonne, Schnee und Diskussionslage sind mit gleicher Intensität präsent.«

Mirna schreibt auf ein Blatt, das sie zu den anderen in Filips Schublade legt: »Manchmal war ich schon traurig, fast einen Monat so ohne Dich. Ich habe beruflich viel erlebt und über manches nachgedacht. Ich konnte Dich nicht teilhaben lassen und nichts fragen. Die Zeit liegt schwer auf mir, und manchmal habe ich Mühe, Dich nicht als grausam zu empfinden. Draußen der Wald, der immer noch verschneit daliegt. Die Äste der Bäume heruntergebogen vom Schnee. Am Abend ziehe ich Pelzstiefel an und schlüpfe in einen warmen Mantel, dann stapfe ich durch den Wald. Der Schnee leuchtet und glitzert im Dunkeln. Ich schaue hinauf in den Sternenhimmel und wünsche mir ein einfacheres Leben.«

Bis Montag also

Während einer Recherchenreise in Hamburg erreicht Mirna ein Anruf der Bonner Polizei. Sie teilt ihr mit, daß Peter mit dem Fahrrad unter ein Lastauto kam und ins Waldkrankenhaus gebracht wurde.

Mirna ruft Filip auf seiner direkten Leitung an. Mit der geheimen Nummer umgeht sie sein Büro. Sie berichtet ihm, was mit Peter passierte, und bittet ihn, nach ihm zu schauen. Der lehnt sofort mit einer Härte ab, die sie erschreckt: »Das kann ich nicht vor heute abend, weil ich sofort in den Ökologieausschuß muß.« –»Filip. Bitte.«–»Nein. Es geht nicht.« Dann macht es Klick. Er hat den Hörer aufgelegt. Mirna ist fassungslos. Sie fliegt mit dem nächsten Flugzeug nach Bonn.

Als sie an Peters Bett steht, stellt sie erleichtert fest, daß er nicht von oben bis unten eingebunden ist. Peter grinst, hebt die Bettdecke etwas hoch: »Ich hab nur ein paar Schrammen abgekriegt, weil ich gut reagierte. Ich ließ mein Rad fallen und sprang auf den Bürgersteig. Der Scheißkerl von einem Brummifahrer setzte einfach zurück, und ich stand da mit meinem Rad. Stell dir vor, ich hätte das Rad nicht fallenlassen, der wär glatt über mich drübergefahren.«

»Wenn du aus dem Krankenhaus kommst, kaufen wir ein neues Fahrrad. Ich bin froh, daß nicht mehr passiert ist. Nach dem Anruf der Polizei hatte ich andere Bilder von dir im Kopf. Ich bin erleichtert, daß es so glimpflich abgegangen ist.«

Sie sitzt auf seinem Bett, streichelt ihn und hört ihm zu. Die Worte sprudeln nur so aus ihm heraus. Er wollte in die Karre fahren und sich dort mit seinen Freunden treffen. Es sind andere Namen, neue Freunde. Sie hat das gar nicht bemerkt. Sie leidet seit Wochen schon unter einer inneren Zerrissenheit, einem schlechten Gewissen, weil sie zu wenig Zeit für ihre Kinder hat. Peter verliebt sich immer von neuem in andere Mädchen. Mirna hat Mühe, sich Namen und Gesichter zu merken. Sie hat schon seit einiger Zeit die Übersicht verloren. Vor zwei Tagen hatte sich Peter vor sie in die Küche gestellt und mit seinen fast Einmeterachtzig etwas auf sie herabgeblickt:

»Kleines Mütterchen, wenn du in meinem Alter schon soviel Erfahrungen gehabt hättest, wäre dir sicher manches nicht passiert.«

»Wer weiß«, sagt sie, »früher, das war eine andere Zeit. Selbst wenn ich gewollt hätte, den Freiraum, den du hast, hatte ich als Mädchen nicht.«

»Aber du hättest nicht so jung gleich unseren Vater heiraten müssen.«

»Hätte ich nicht. Aber dann gäbe es euch nicht, jedenfalls nicht in dieser speziellen Ausführung.«

Peter gefällt ihr irgendwie nicht, etwas hat sich bei ihm verändert. Mirna fragte sich in den vergangenen Wochen und Monaten immer mal wieder, ob das Eifersuchtsreaktionen sind, ob sich ihre Kinder vernachlässigt fühlen, auch wenn sie andererseits ihr eigenes Leben leben wollen mit ihren Freundinnen und Freunden und sie es gar nicht gerne haben, wenn ihre Mutter zuviel Zeit für sie hat. Mirna beschließt, den Sommer mit ihren Kindern in Pompeiana zu verbringen. Sie denkt an Filip und daß er wahrscheinlich noch einmal mit seiner Ehefrau verreisen wird. Deshalb ist es gut, eigene Urlaubspläne zu haben. Peter reißt sie aus ihren Grübeleien: »Über was denkst du so angestrengt nach?«

»Über euch. Ich würde gerne mit dir und deiner Schwester die Sommerferien an der italienischen Riviera verbringen.«

»Wenn der Ort Pompeiana heißt, drehe ich die Zeit vor.«

»Dann fang ganz schnell damit an.«

Filip kommt an diesem Abend spät ins Krankenhaus. Die Sitzung des Ökologieausschusses war problematischer, als er am Vormittag gedacht hatte. Filip ist beruhigt, daß Peter nicht mehr passiert ist. Mirna spürt, daß zwischen Filip und ihr eine Mauer entstanden ist. Sie kommt über seine Härte am Morgen nicht hinweg. Diese Nacht bleibt sie bei Peter in der Klinik und wacht über seinen Schlaf. Sie streichelt ihn, wenn er unruhig zusammenzuckt. Filip fährt in seine Wohnung nach Tannenbusch. Mirna hat Mühe, Filips Verhalten zu akzeptieren. Sie bleibt weiterhin distanziert. Es gibt auch keine Möglichkeit, mit Filip darüber zu sprechen, da bei ihm Staatsräson und Pflicht vor dem privaten Leben kommen.

Filip möchte wieder ein rotes Telefon in Mirnas Haus legen lassen, doch das lehnt diese strikt ab. Sie will in ihrem Heim die Anrufe seiner Ehefrau nicht ertragen. So muß er diese entweder abwarten und kommt dementsprechend spät, oder Mirna besucht ihn in seiner Wohnung und fährt dann wieder zurück zu ihren Kindern ins Blockhaus, was Filip nicht gutheißt und auch nicht versteht. Sie treffen sich hin und wieder zum Mittagessen in der Stadt, und wenn der Staatsminister verreisen muß, tut er dies grundsätzlich mit dem Hubschrauber und läßt sich auf dem Rückflug über den Kottenforst ins Ministerium für Zukunftsfragen, Ökologie und Freizeit fliegen. Der Pilot muß dann immer eine Schleife über dem Blockhaus drehen. Wenn Mirna Filip fragt: »Was soll das?«, dann sagt er: »Ich möchte einfach über dich hinwegfliegen, und außerdem weißt du dann, daß ich bald bei dir bin.«

Am Freitag morgen verabschiedet er sich nach dem Frühstück mit dem immer gleichen Satz: »Bis Montag also, arbeite schön, damit du nächste Woche für mich Zeit hast.« Dann geht er mit seinem Bordkoffer voll schmutziger Wäsche. Samstags oder sonntags ruft er manchmal von einer Telefonzelle aus an, wenn er bei seinem Morgenlauf unterwegs ist. Dann macht es meist mitten im Gespräch Klick, weil sein Geld zu Ende ist.

Die Aktenlage bringt er bei seinen Besuchen mit ins Blockhaus und sitzt über ihr bis lange nach Mitternacht. Der Staatsminister sitzt dann am Eßtisch. Er macht seine Anmerkungen mit rotem Kugelschreiber, das ist die Farbe des Staatsministers nach der Geschäftsordnung des Bundestages. Minister schreiben ihre Vermerke in Grün, Parlamentarische Staatssekretär in Violett, die Abteilungsleiter in Blau und die Unterabteilungsleiter in Braun. Filip Berg unterschreibt die Akten nicht, dafür macht er ein doppeltes rotes Kreuz. Dann weiß jeder, daß er die Akte zur Kenntnis genommen hat.

Mirna möchte die Premiere des ersten Jelinek-Stücks, Klara S., im Bonner Schauspielhaus sehen. Filip begleitet sie. In der Pause zeigt der Staatsminister auf ein Paar, ein älterer Herr und eine junge Frau: »Ein Kollege, seine Frau hat sich kürzlich erhängt. Nun kann er seine Geliebte heiraten.« Mirna ist entsetzt: »Du bist unmenschlich.« Filip sagt: »Nein, ich bin nur neidisch.« – »Ich verstehe dich nicht«, sagt sie. Und er: »Es ist mir auch lieber so.« Mirna bleibt stehen: »Filip, in welchen Andeutungen sprichst du, das macht mir angst.« – »Mir auch. Hörst du, daß es schon zum dritten Mal läutet. Eine gewagte Inszenierung für Bonn, schau, wie sich die Reihen gelichtet haben.« – »Du und deine Ablenkungsmanöver.« Darauf Filip: »Am kommenden Wochenende bleibe ich im Blockhaus.« – »Ich wollte, ich hätte es in einem anderen Zusammenhang erfahren.«

»Du mußt immer das letzte Wort haben«, sagt Filip. Er ist nun unkonzentriert. Sein Verstand meldet sich nachdrücklich: Sie wird mir gefährlich. Sie fragt nach. Ich sollte einen Vorwand suchen und mich von ihr trennen. Aber mein Herz zieht mich zu ihr, ich liebe sie. Ich muß mir etwas einfallen lassen, soviel ist sicher.

Am Freitag abend kam Filip, und hinter ihm ging sein Fahrer und brachte die Aktenlage ins Haus. Filip schlief am nächsten Tag aus und machte gegen Mittag einen Waldlauf. Nach dem späten Frühstück verschwand er hinter seinen Aktenbergen und tauchte erst gegen zwei wieder auf, da wollte er eine leichte Suppe essen, etwas später am Nachmittag Kuchen zum Kaffee. Zum Abendessen nahm er sich mehr Zeit. Der Sonntag verlief ebenso mit dem Abarbeiten von Aktenbergen. Leicht genervt hatte Mirna beim sonntäglichen Frühstück gefragt: »Wird unser ganzes Leben so verlaufen?« Filip antwortete freundlich: »Solange ich Staatsminister bin, wird es so sein, aber wenn ich einmal pensioniert werde, dann habe ich viel Zeit.« – »Du kannst nicht alles auf deinen Ruhestand verschieben. Ich möchte jetzt mit dir leben.« – »Und du weißt, daß ich nicht mit meiner Arbeit nachlassen werde. Ich bin Diener dieses Staates und stehe in dieser Verantwortung und Pflicht.«

Der Minenhund des Ministers

Im Mai 1980 wurde die Initiative von Hans-Josef Maus im Bundesrat diskutiert. Der bayerische Ministerpräsident hatte während der Sommerpause des Parlaments selbst ein industriefreundliches Abwasserabgabengesetz formuliert. Er unterließ ministerielle und öffentliche Diskussionsrunden und schickte das Papier direkt an den Präsidenten des Bundesrates. Danach gab es eine der heftigsten Diskussionen, die der Bundesrat jemals erlebt hatte. Bundesinnenminister Timm und die SPD/FDP-regierten Länder lehnten die Verschlechterung des Abwasserabgabengesetzes entschieden ab. Die CDU/CSU-regierten Länder stimmten für die Einbringung des Gesetzesvorschlags und setzten ihn mit ihrer Mehrheit durch.

Aber im Bundestag waren die Mehrheitsverhältnisse anders. Deshalb hatte der bayerische Gesetzesentwurf keine Chance mehr, in jener Legislaturperiode verabschiedet zu werden. Damit blieb es beim Abwasserabgabengesetz in der bisherigen Fassung. Ab 1. Januar 1981 werden die Verschmutzer bezahlen müssen.

Filip kommt von einer Wochenendreise mit Ehefrau und Kollegen am Montag nach Bonn zurück. Er ruft Mirna an und lädt sie für den Abend zum Essen mit Journalisten vom Fernsehen ein. Um neunzehn Uhr holt er sie im Blockhaus ab und bittet sie, sich schnell umzuziehen.

»Für meine Kollegen?« – »Ach wo, ich muß danach noch zu einem Termin in Karlchens Bar. Zieh das Kostüm an, das du dir in Paris gekauft hast, beeil dich.« Er blickt auf seine Uhr: »Mein Fahrer wartet vor dem Häuschen, mach schnell und steck deine Haare hoch, da siehst du etwas älter aus.«

Der Fahrer erwartet sie am Gartentor. Sie steigen ein. Der Fahrer reicht dem Staatsminister die Akten. Der vertieft sich sofort in sie. Der Weg, den sie fahren, ist Mirna vertraut. Ein kurzes Stück auf der Parkstraße. Dann über den Finkenweg voller Schlaglöcher. In den Gärten blühen Hortensien. Nach Bad Godesberg fahren sie durchs Marienforster Tal. Die Straße führt zunächst am Kottenforst entlang. Auf den Wiesen grasen Kühe, es sind wenige Autos unterwegs. Hinter Pech wird der Verkehr stärker, weil vor ihnen ein Bauer mit seinem Traktor fährt, der nicht überholt werden kann.

Am Marienforster Hof biegt der Fahrer nach rechts, fährt den Schleichweg hinauf nach Schweinheim. Ein kleines Stück durch den Wald, dann auf die gerade Straße zum Heiderhof und zur Cäcilienhöhe. »Wir sind etwas zu spät, Chef«, sagt der Fahrer, während er die Wagentür öffnet. Filip und Mirna steigen aus. Senor Fernando hat eine weiße Schürze umgebunden. Er begrüßt die Gäste und bringt sie ins Restaurant zu einem Tisch am Fenster, an dem die beiden Fernsehredakteure sitzen.

Die Journalisten kommen sofort zur Sache. Sie fragen nach Personen aus dem Küchenkabinett. Der Staatsminister gewinnt Zeit, sich zu überlegen, was er sagen oder nicht sagen wird, indem er darum bittet, doch zunächst das Essen auszusuchen. Dabei entdeckt Mirna, daß sie nur die Fingernägel der linken Hand rot lackiert hat. Sie beschließt, so zu tun, als sei das ihre neue Masche. Filip nennt einige Namen, die Journalisten fragen geschickt und stellen Suggestivfragen. Herr Staatsminister, würden Sie nicht... Der durchschaut die Taktik. Seine Antworten ähneln Wurfgeschossen. Er schwankt zwischen ausgesuchter Höflichkeit und Gehässigkeit, gebraucht entweder das Florett oder stößt mit dem Säbel zu. Doch manchmal, wenn er von gewissen Entwicklungen der Zukunfts-, Freizeit- und Naturschutzpolitik berichtet, die ihm Sorgen machen, spielt er den Bekümmerten. Mirna erschrickt, weil sie weiß, was er wirklich denkt. Nach jeder Information, die er gibt, sagt er: »Sie können das schreiben, aber ohne Nennung des Informanten.« Oder er gibt einen Tip, doch mal den oder jenen zu fragen. Auf diese Weise legt er Minen, und es ist ihm anzusehen, daß er dies genießt. Mirna weiß nun, was Filip meint, wenn er sich als Minenhund des Ministers bezeichnet.

Um Punkt dreiundzwanzig Uhr verabschiedet sich Filip. Dabei übergibt er den Fernsehredakteuren eher nebenbei Unterlagen zur Information und die Kabinettsvorlagen für die nächsten beiden Wochen. Mirna registriert, daß dies der Stapel Papiere ist, den er während der Fahrt zur Cäcilienhöhe so schnell durchgesehen hat.

Nun fährt sie der Fahrer ins Regierungsviertel zum Presseclub. Sie gehen dort die paar Treppen hinunter in Karlchens Bar. Filip tritt auf einen Herrn zu, der auf einem Barhocker sitzt und Bier trinkt. Sie begrüßen sich mit leichtem Kopfnicken. Wenig später kommen beide zu Mirna. Filip stellt vor: Doktor Bander von der CDU. Sie setzen sich nun an einen Tisch, der etwas abseits steht. Die Herren bleiben beim Bier. Mirna zieht trockenen Weißwein vor.

In den nächsten beiden Stunden erlebt sie Filip nicht als Staatsminister, sondern als FDP-Politiker. Macht er seine eigene Politik, fragt sie sich, oder ist er nur der verlängerte Arm seines Ministers? Die Männer bestätigten sich gegenseitig, daß es langsam an der Zeit sei, daß die FDP das Regierungsbündnis mit der SPD löse. Beide denken laut darüber nach, was getan werden müsse, damit die FDP sich aus der Verbindung mit der SPD-Regierung lösen und eine Koalition mit der CDU / CSU eingehen könne.

Ein knappes Jahr später wird der FDP-Vorsitzende Bäuerlein den Begriff von der Wende prägen, ihn viele Male aussprechen, bis schließlich zweifelhaft wird, ob die FDP ihre mit den Sozialdemokraten eingegangene Regierungskoalition einhalten wird.

In jener Nacht werden Mirna und Filip gegen halb zwei Uhr morgens nach Röttgen gefahren. Der Fahrer fährt sie über die Reuterstraße auf die Autobahn bis in den kleinen Ort am Rande des Kottenforstes. Während der Fahrt schweigt Mirna.

Später im Blockhaus trinkt Filip einen Whisky nach dem anderen. In die Stille hinein schreit Mirna ihm plötzlich ihre Empörung ins Gesicht. Filip entsetzt ihr explosiver Ausbruch. Mirna verläßt den Raum und geht über die Treppe hinauf in ihr Arbeitszimmer. Sie öffnet das Fenster zum Wald hin, setzt sich in einen Sessel, schaut in die Nacht hinaus und in die Bäume hinauf. Sie weint. Nach einer längeren Zeit hört sie, wie leise die Tür geöffnet wird. Filip kommt, umarmt sie, sagt: »Es wird alles wieder gut.« Mirna erwidert: »Das glaube ich nicht. Ich träumte davon, mit dem Menschen Filip zusammen zu sein, aber dieser zeigt sich immer seltener. Der Staatsminister Berg und seine Machtstrategien erschrecken mich. Ich fürchte mich vor ihm.«

Filip streicht ihr sachte mit der Hand über den Kopf: »Laß uns schlafen gehen«. Später: Filip legt sich zu Mirna, er hält sie im Arm und beruhigt sie.

Staatsräson

Der nächste Morgen. Nach dem Frühstück küßt Filip Mirna, verabschiedet sich und sagt: »Es ist für immer. Deine Anschuldigungen haben heute nacht bei mir eine Eigendynamik entwikkelt. Du wirst mich bei einer ähnlichen Gelegenheit wieder so anschreien. Das ertrage ich nicht. Deshalb muß ich mich von dir trennen.« Sie versteht ihn nicht. Filip geht schnell aus dem Haus und schließt leise die Tür. Er dreht sich nicht mehr um. Er winkt nicht, denn er hat vor sich selbst Angst, fürchtet, dies nicht durchzuhalten. Er muß sich von ihr trennen. Der Anlaß ist ihm eine willkommene Gelegenheit. Die Beziehung zu Mirna verträgt sich nicht mit seinem Machtstreben.

Mirna hört seinen Schritten nach, wie er durch den Garten geht, hört den anspringenden Motor, das Geräusch des wegfahrenden Autos. Am Nachmittag ruft Filip an. Er wirkt geschäftsmäßig und kühl: »Ich möchte dir meinen Entschluß von heute morgen bestätigen.« Er beendet das Telefonat, bevor sie ein Wort sagen kann. Mirna starrt auf den Telefonhörer. Am Abend meldet sich Filip telefonisch: »Du hast von Staatsräson immer noch nicht die leiseste Ahnung. Du weißt nicht, was Sachzwänge bedeuten. Ich ertrage solche Gefühlsausbrüche nicht. Es ist schrecklich, wenn du so schreist. Ich fürchte, es wird sich wiederholen. Ich sitze nun vor einem Trümmerhaufen und sehe keinen Weg mehr. Bedränge mich nicht.« Dann macht es Klick. Mirna steht auf, geht ans Fenster, schaut in den Wald und den Ästen der Birken zu, wie sie sich im Wind bewegen. Aus dem Rasen im Garten ist eine Wiese voller Wildblumen geworden. Sumpfdotterblumen, Löwenzahn, Wiesenschaumkraut und Gänseblümchen blühen. Später fällt die Sonne hinter den Kottenforst. Mirna öffnet die Terrassentüre und geht hinaus in den Garten. Sie holt einen Korbsessel, trägt ihn zur Eiche und setzt sich. Sie weint.

Am nächsten Abend schreibt Mirna Filip, daß sie den Sommer mit den Kindern wieder einmal in Pompeiana verbringen wird. »Du hattest irgendwann angedeutet, daß Du am Chiemsee mit Ehefrau Ferien machen möchtest oder mußt. Deshalb hatte ich für uns den Sommer so geplant. Grüße, M.«

Mirna versteht Filip nicht. Freilich, sie hat ihn angeschrien, aber rechtfertigt das eine Trennung? Manchmal denkt sie, ob er nach einem Grund für eine Trennung sucht, weil ihn möglicherweise seine Ehefrau dazu drängt. Mirna fürchtet sich vor Filips Anrufen. Deshalb läßt sie ihr Telefon von der Post auf Auftragsdienst schalten.

Einige Wochen später fährt sie mit ihren Kindern nach Pompeiana an die italienische Riviera. Das Auto randvoll mit Büchern und Recherchenmaterial. Mirna hat mehrere Auftragsarbeiten für verschiedene Rundfunksender. Peter meint im Rückspiegel zu bemerken, daß sich die Hinterräder des uralten Autos leicht nach außen biegen. An der nächsten Tankstelle hält Mirna, sie packen um, verlagern die Gewichte.

Sie fahren weiter nach Basel, durchs Gebirge über den Kleinen Sankt Bernhard, die Poebene entlang, an Genua vorbei nach Pompeiana. Nach elf Stunden kommen sie in Riva Ligure an. Das Dorf liegt an der Blumenriviera, eine Autostunde von Verona und kurz vor San Remo. Mirna fährt durch den Ort hindurch und biegt am Ende in eine Straße ein, die in die Berge führt, begleitet von Nelkenfeldern und Treibhäusern. Manchmal stehen Olivenbäume am Wegrand. Nach einer scharfen Kurve liegt Pompeiana vor ihnen. Sie halten, schauen hinunter aufs Unterdorf und suchen die Casa. Über ihnen am Hang das Oberdorf; dort wohnen die Reichen. Sie fahren bis zum Ortseingang, dort stellt Mirna das Auto auf den Parkplatz, denn die Via Maggia ist für Fahrzeuge zu schmal. Luisa und Peter helfen das Gepäck zum Haus tragen, manchmal bleiben sie stehen, begrüßen Leute, die sie kennen. Sie haben schon viele Sommer hier oben verbracht. Peter trägt den Korb mit dem schwarzen Kartäuserkater.

In Pompeiana stehen die Häuser auf Steingewölben, in denen

Frauen sitzen, Nelken schneiden und bündeln. Die Kopftücher tief ins Gesicht gezogen, schauen sie neugierig der Alemana und ihren Kindern nach. Den Berg von Riva Ligure herauf kommen auf dem Feldweg zwei alte Frauen, eine auf die andere gestützt. Sie bleiben manchmal stehen, holen tief Luft, schauen ein wenig herum und gehen vorsichtig weiter.

Vor dem letzten Haus in der Via Maggia bleiben Mirna und ihre Kinder stehen. Sie stellen das Gepäck an den Straßenrand und steigen über eine verwitterte Steintreppe. Mirna öffnet die schwere Holztür zur Wohnhalle, von der aus Türen in Schlafräume, Bad und Küche führen. Der Fußboden aus weißem Marmor, über ihm spannt sich ein hohes Gewölbe. Fast über eine ganze Wand reicht ein geradezu traumhaft schöner venezianischer Spiegel. In der Mitte ein wuchtiger Eichentisch, um den sechs hohe schwarze Stühle stehen. An der Wand gegenüber dem Spiegel eine dunkle Holzbank.

Mirna sieht sofort den Brief im Zinnteller auf dem Tisch liegen. Sie erkennt Filips Handschrift und beschließt, den Brief später zu lesen. Zunächst wird sie das Auto weiter auspacken und die Sachen ins Haus bringen.

Später am Abend geht sie mit Tochter und Sohn, die hier für ihre Geschwister gehalten werden, durch die Via Maggia hinauf zum Marktplatz, in die Bar der Polin Jacqueline. Luisa und Peter wünschen sich Spaghetti mit Muscheln. Jacqueline verschwindet in der Küche, und die beiden schlendern hinüber zum Billardtisch und beginnen zu spielen. Mirna verläßt die Bar, sie setzt sich in den Garten an einen Tisch, der unter einer Akazie steht. Dann holt sie Filips Brief aus der Handtasche. Sie spürt, wie sehr ihr Herz klopft.

»Danke für Deinen Brief«, schreibt er »und für das, was Du damit ausdrücken wolltest. Es ist Mitternacht, ich bin noch im Büro, weil es der letzte Arbeitstag in Bonn ist. Arbeitsnacht wäre angebrachter. Ich sende Dir meine Papiere zum Rechtskongreß zum Anschauen, wenn Du magst, und danach zum Wegwerfen. Ansonsten gibt es nichts zu berichten. Der Verdrängungsmechanismus braucht nicht motiviert zu werden. Es gibt sowieso keinen Raum für anderes als auf die Erledigung eigentlich unwichtiger Arbeiten gerichtete Gedanken. So bleibt denn manches unausgesprochen. Das hat auch sein Gutes. Grüß die Kinder und den Kater, Dein Filip.«

Mirna steht auf, geht in die Bar zurück, setzt sich an den blankgescheuerten Holztisch. Kurz darauf bringt Jacqueline eine Schüssel dampfender Spaghetti mit Muscheln. In der Nacht schlendern die drei ins Haus zurück. Am nächsten Morgen bringt der Briefträger einen dicken Expreßbrief von Filip. Der schreibt: »Falls Dich der Weltenergiekongreß interessiert, füge ich Dir die Rohfassung des Ergebnisprotokolls zur Kenntnisnahme bei. Mit dem läßt sich leben. Erhole Dich, und in den Stunden der Arbeit wünsche ich Dir gute Gedanken. Aber übertreibe es nicht, geh viel ans Meer und schwimme, damit ich Dich Ende August gesund und geschmeidig wieder in Bonn habe.«

Mirna versteht gar nichts mehr. Sie denkt, er hat sich doch von mir getrennt. Warum schreibt er nun, daß er mich sehen will? Vielleicht doch eine Strategie? Und ein so dicker Brief. Sie weiß nicht, weshalb sie die ganzen Papiere zum Rechtskongreß lesen soll. Doch in den nächsten Tagen erhält sie noch mehr prallgefüllte Briefumschläge mit Papieren und Unterlagen von ihm. Darunter ist ein Brief mit einem über einhundertzwanzig Seiten umfassenden Katalog dessen, was bisher für Zukunftssicherung und Naturschutz getan wurde. Außerdem erhält sie stapelweise Texte zur Reaktorsicherheit, zum Strahlenschutz, zum Umweltrecht und zur Technologiefolgenabschätzung. Doch bei den Unterlagen findet sich keine persönliche Zeile, kein Gruß von Filip. Es liegt nur eine gedruckte Karte mit einem ebensolchen förmlichen Gruß des Staatsministers bei. Sie begreift irgendwann, daß seine Mitarbeiter ihr diese Briefe täglich aus dem Ministerium schicken, wahrscheinlich hat er es so angeordnet.

Mirnas Wecker klingelt täglich um fünf Uhr morgens. Sie steht auf, braust mit kaltem Wasser, kocht Kaffee und trinkt ihn schwarz. Danach geht sie leise aus dem Haus und über die Bogentreppe hinauf ins Studio. Hier hat sie einen Holztisch vors Fenster gestellt. Dort arbeitet sie bis mittags. Manchmal schaut sie aus dem Fenster. Sie genießt den Blick aufs Meer und in die Berge, die wie hintereinandergesteckt aussehen.

Ihre Kinder schlafen bis mittags, sie stehen leise auf, um die Mutter nicht bei der Arbeit zu stören. Sie bereiten das Frühstück, kaufen frische Brötchen beim Bäcker im Oberdorf und in einem kleinen Laden Eier und hauchdünn geschnittenen Parmaschinken. Sie decken den Tisch auf der oberen Terrasse und holen Mirna aus ihrer Schreibstube. Nach dem Frühstück fahren sie ans Meer, zu einer Bucht in der Nähe von Arma di Taggia. Am späten Nachmittag kommen sie zurück und kochen zusammen oder gehen in Jacquelines Bar zum Abendessen.

Es gibt auch Tage, an denen sie das Auto stehen lassen. Dann wandern sie auf dem Feldweg nach Riva Ligure ans Meer, zwischen Blumenfeldern, an Olivenplantagen vorbei. Am Wegrand blühen wilde Orchideen, die dunkelviolette Blüten tragen und angriffslustigen Kobras ähnlich sehen. Es riecht nach Basilikum, Salbei und Rosmarin und anderen exotischen Kräutern. Ein Bach schlängelt sich den Berg hinab zum Meer. An seinen Ufern wächst wilder Bambus. Auf diesen Spaziergängen begegnen ihnen Esel, mit Gras beladen, und Frauen, die Grasbündel auf ihren Köpfen tragen oder Weidenkörbe mit Blumen.

Manchmal kommt eine Postkarte vom Chiemsee. Filip schreibt: »Am See ist es beim Dauerregen recht feucht. Gedanken gibt es viele. Man kann sie nur mit Mühe kontrollieren.« Oder: »Ich verwende viel Zeit auf körperliche Betätigung und kann somit die Gedanken frei laufenlassen. Sie sind oft in Pompeiana, bei allem, was uns beschäftigt.«

Und Mitte Juli schreibt er: »In Deutschland ändert sich wenig. Nicht mal das Wetter. So sitze ich irgendwie herum, starre in den Regen und versuche die Gemütslage der Wetterlage nicht anzupassen. Ansonsten geht es mir ordnungsgemäß. Der Sport ist anstrengend wie gewollt. Wenn Du Lust hast, kannst Du mir mal eine Karte in die Tannenbuscherwohnung senden, ich werde am 25. Juli mal dort vorbeischauen.«

Und fünf Tage später: »Die Kartenkette ist so etwas wie eine Einbahnstraße. Dies ist denn auch der letzte Gruß vom Chiemsee.«

Mirna überlegt tagelang, ob und was sie ihm schreiben soll. Sie versteht ihn nicht. Trotz Trennung schreibt er, schickt ihr seine Arbeiten, möchte sie geschmeidig wiedersehen. Was bedeutet das? Sie kann nicht ahnen, daß in Filip Gefühl und Verstand miteinander kämpfen. Sein Herz zieht ihn zu ihr. Sein Verstand sagt nein.

Mirna schreibt an Filip: »Hier in Pompeiana sieht die Welt anders aus. Die Häuser dicht aneinander gebaut. Die engen Gassen von Steinbogen überspannt. Die Straßen mit Ziegelsteinen gepflastert oder mit runden Steinen, die das Meer angeschwemmt hat. In Pompeiana gibt es verwilderte Blumengärten, in denen Orangen- und Zitronenbäume stehen. An den terrassierten Berghängen außerhalb des Ortes Olivenplantagen und Blumen felderweise. Auf dem Marktplatz sitzen alte Senores auf kleinen Mauern im Schatten der Eukalyptusbäume. Auf ihren Köpfen schwarze Filzhüte. Sie rauchen Pfeife und erzählen sich was.

An der Straße ins Oberdorf steht ein Waschhaus mit riesigen Steinbottichen. Das Wasser läuft durch eine Leitung von einem zum anderen. Die Frauen reiben die Wäsche über ein Waschbrett. Andere säubern die frischgeschorene Schafwolle unter fließendem Wasser, die sie dann auf Tüchern auslegen, trocknen, anschließend auseinanderzupfen und in Säcke stopfen.

In Pompeiana gibt es wilde Katzen und Hunde, Smaragdeidechsen, Singvögel, Mückenschwärme am Morgen, und am Abend fliegen Fledermäuse. Das Licht ist unbeschreiblich. Nach Sonnenuntergang kommen die Frauen von der Feldarbeit zurück. Sie tragen schwere Gras- und Blumenbündel auf ihren Köpfen in die Steingewölbe unter ihren Häusern. Dort warten alte Frauen auf sie. Ihre Gesichter von tiefen Falten durchzogen. Einige von ihnen haben schmale Lippen vom hineingebissenen Schmerz.

Manchmal stehe ich morgens um drei Uhr auf, dann schaue ich den Frauen zu, wie sie hinauf zum Marktplatz gehen. Auf ihren Köpfen Weidenkörbe voll Nelken zwischen Lagen von Seidenpapier. Es kommt auch vor, daß ich mit ihnen im Autobus nach San Remo auf den Blumenmarkt fahre. Dort verkaufen sie die Nelken an Großhändler. Die Blumenbündel werden in Lastautos verladen, zum Flughafen gebracht und in Europas Großstädte geflogen. Für ein Bündel langstieliger Nelken bekommen die Pompeianerinnen auf dem Blumenmarkt von San Remo fünfhundert Lire, das ist knapp eine Mark fünfzig.

Draußen auf der Via Maggia treibt ein Bauer seinen Esel an, eine alte Frau trägt einen Sack auf dem Kopf und ein Bündel unterm Arm. Es sieht aus, als würde sie jeden Augenblick auf ihren krummen Beinen zusammenbrechen. Hinter ihr kommt ein Pater den Feldweg von Riva Ligure herauf. Seine Füße barfuß in Lederschuhen. Die Soutane schlägt beim Gehen an seine nackten Waden. Er hat dunkle Augen und einen merkwürdig stechenden Blick.

Wir genießen den Sommer in den italienischen Bergen. Über Mittag fahren wir hinunter ans Meer. Anbei Deine Papiere zurück, und wie Du es wünschtest, mit Anmerkungen versehen. M.«

Die Seele verglast
wie radioaktive Brennelemente

Eine Woche später, Anfang August, erhält Mirna ein Telegramm von Filip; sie liest: »Ankomme morgen gegen Mittag.« Sie faltet das Telegramm langsam zusammen, legt es weg. Sie reibt sich die Augen. Soll einer diesen Mann verstehen. Ich vermag es nicht. Ich freue mich auf ihn und habe zugleich Angst, ihn wiederzusehen.

Am nächsten Tag sitzt Mirna auf einer Mauer am Dorfeingang. Sie trägt ein langes Maxikleid, verwaschenes Schwarz, und einen breitkrempigen Strohhut. Filip sieht sie von weitem, aber Mirna bemerkt ihn erst, als sein Wagen vor ihr hält. Er steigt aus. Sie bleibt sitzen, sie hat inzwischen gelernt, ihre Gefühle mit dem Verstand zu kontrollieren. Mirna wirkt auf Filip eher still und verhalten. Vielleicht umarmt er sie deshalb so stürmisch, daß der Strohhut auf die Straße fällt. Er bückt sich, hebt ihn auf, gibt ihn ihr. »Du mußt nicht fremdeln«, sagt er und sie: »Nein, muß ich nicht.« Sie lächelt zaghaft und sieht ihn dabei kurz an. Sie registriert, daß Filip schlanker geworden ist, gesund und vital aussieht. Nun gehen sie langsam nebeneinander durchs Unterdorf und über die Via Maggia zur Casa.

Filip berichtet, daß er mit dem Hubschrauber in Nizza angekommen sei und morgen nach Lyon fliegen werde. Dort erwarte ihn seine Delegation, Beamte des Ministeriums, interessierte Bundestagsabgeordnete, Industrielle und Wissenschaftler:»Wir wollen uns in Creys Malville den Bau des Super Phénix ansehen. Auch Catarasch und Cattenom und in Marcoule die Verglasung der Brennelemente. Ich bin gekommen, um dich abzuholen, weil ich es dir versprochen hatte. Aber denke nicht, daß wir unsere Probleme in der Kürze der Zeit in Ordnung bringen könnten. Es ist alles unverändert.«

Mirna erschrickt. Warum bist du dann gekommen, möchte sie ihn fragen. Aber sie schweigt zunächst. Sie denkt eine Zeitlang nach und schaut dabei Filip ruhig an. Nun antwortet sie gepreßt und kaum hörbar:»Wann können wir miteinander reden?« Er antwortet sofort:»Anfang September.« Und sie:»Wie soll ich das aushalten?« Filip sagt:»Sei so wie immer.«

Mirna sagt:»Das empfinde ich als grausam.« Sie denkt: Weshalb drehe ich mich nicht auf meinem Absatz um und gehe? Sie gibt sich die Antwort selbst: Weil ich wissen möchte, wie die Geschichte ausgeht oder weitergeht. Ich kann nicht vor meinen Problemen flüchten. Ich muß lernen, sie zu bewältigen. Sie sieht ihn wieder aufmerksam an, blickt in seine Augen. Die sagen ihr etwas anderes als seine Worte. Dabei ist sie sich durchaus darüber im klaren, daß sie sich das möglicherweise auch nur einbildet. Sie ist gespannt, wie die nächsten Tage mit ihm sein werden. Schon manchmal hat sie die Erfahrung gemacht, daß ihr eine gewisse Neugierde auf die kommende Zeit hilft, mit schwierigen Situationen umzugehen.

Am Nachmittag entschließen sich Filip und Mirna zu einem Spaziergang nach Riva Ligure. Am Meer setzen sie sich in eine Bar und schauen den Fischern zu, wie sie ihre Netze flicken. Am Strand hocken Frauen im Sand und spielen Karten. Mirna und Filip trinken Tee, sie lächeln sich manchmal an. Nach einiger Zeit gehen sie schweigend den gleichen Weg zurück.

Gegen Abend fahren sie mit Luisa und Peter nach Arma di Taggia. Dort essen sie in einem kleinen Fischrestaurant gleich am Ortseingang. Peter berichtet mit einem Anflug von Stolz von seinen Fischfängen, von harpunierten Tintenfischen, Seeigeljagden und anderen Abenteuern. Filip lädt Luisa und Peter ein, mit nach Frankreich zu kommen. Doch die lehnen kühl ab. »Wir haben keine Lust«, sagen sie. Die beiden sind Filip gegenüber deutlich reserviert. Ihm gefällt das nicht. Er versucht die Atmosphäre aufzulockern, erzählt Witze. Mirnas Kinder hören höflich zu, aber sie lachen nicht.

Es ist noch hell, als sie nach Pompeiana zurückkehren. Mirna geht in die Schlafkammer, öffnet den Kleiderschrank, stellt fest, daß sie nichts Elegantes dabei hat, weder ein Kostüm noch ein Jackett, nur Maxikleider und wadenlange Röcke. Sie erschrickt, Filip betritt die Kammer. Mirna nimmt einen roten und einen schwarzen Rock heraus und Blusen in den gleichen Farben. Sie dreht sich zu Filip um und fragt: »Nimmst du mich so mit?« Er sieht nachdenklich drein, stellt fest: »Elegant ist das Zeug nicht. Da dir meine Jacketts passen, schlage ich vor, daß du sie trägst. Ich könnte dir das schwarze aus Leinen leihen.«

Es paßte tatsächlich, stellt Mirna am nächsten Morgen im Hotel in Nizza fest. Sie krempelt die Ärmel etwas hoch und sieht mit den hochgesteckten Haaren, den langen Ohrringen fast elegant aus.

Wahrscheinlich hätte sie das alles längst vergessen, wenn es nicht die offiziellen Fotos von der Reise nach Frankreich geben würde. Filip und sie, umgeben von der Delegation und französischen Wissenschaftlern, Technikern und Politikern. Das Besuchsprogramm war interessant und anstrengend. Sie sah viel in den beiden Tagen. Sie notierte alles und lenkte sich auf diese Weise ab. Filip kam ihr vor, als sei seine Seele verglast wie die radioaktiven Brennelemente in Marcoule.

Während der Reise waren Filip und Mirna von morgens bis tief in die Nacht hinein nie allein. Kein gemeinsames Frühstück. Kein Nachtessen ohne andere. Filip immer formvollendet höflich. Er sprach nur über seine Arbeit und das französische Kernenergieprogramm. Und die Nächte? Filip bestand auf einem gemeinsamen Schlafzimmer und darauf, daß sie sich neben ihn legte. Dann nahm er ihre Hand und schlief sofort ein. Mirna lag wach und dachte über ihn nach. Die letzte Nacht verbrachten sie in Aix-en-Provence, in der Fürstensuite eines Fünfsternehotels.

Eine Woche nach der Frankreichreise schrieb Filip an Mirna: »Es gibt wehmütige Erinnerungen an Aix. Da war die Welt schöner, wenn auch sicher nicht in Ordnung. Wo ist sie das schon? Trotz allem, ich bin bisher gut durchgekommen.«

Einige Tage später erhielt sie einen weiteren Brief: »Inzwischen habe ich Gewißheit darüber, daß in letzter Zeit alles zuviel für Dich gewesen ist. Du warst überbelastet. Du hast keine Schuld, mach Dir darüber keine Gedanken.«

Mirna faltet den Brief klein zusammen, damit er in ihre Hand paßt. Dann geht sie aus dem Haus, die Via Maggia hinauf zum Marktplatz und weiter die schmale, steile kopfsteingepflasterte Straße bis zum Oberdorf. Die Kirche läßt sie links liegen. Die Sonne steht tief. Die Bergketten reichen bis zum Horizont. Sie haben an diesem Spätnachmittag violette Farben und leuchten in allen Schattierungen. Zwischen ihren Gipfeln hängen weiße Wolkenhaufen.

Mirna geht langsam. Manchmal setzt sie sich an den Wegrand, schaut in die Berge hinein und nach Castellaro hinüber. Gegen Abend kommt sie dort an. Sie geht zum Castell hinauf und zur Kirche. Dort setzt sie sich auf die Treppenstufen, schaut auf den Friedhof hinüber. Lange sitzt sie so da. Nun faltet sie den Brief auseinander, liest ihn. Sie versteht Filip nicht; stellt er sie wieder auf die Probe, testet er sie?

Am Ende des Sommers fährt Mirna mit Luisa und Peter nach Bonn zurück. Sie hat es so eingerichtet, daß sie dort an einem Donnerstagabend ankommt. Nachdem sie das Auto ausgepackt haben, duscht sie heiß und kalt, schlüpft in Cordhose und Pulli, setzt sich wieder ins Auto, fährt in den Bonner Norden und besucht Filip. Sie parkt den Wagen und geht über den geschotterten Weg zum Haus. Sie schließt die Tür auf, fährt mit dem Aufzug hinauf und klopft an seine Wohnungstür. Sie steckt den Schlüssel ins Schloß, dreht ihn herum. Mirna steht in der Diele, als Filip im Schlafanzug die Zimmertür öffnet. Er ist sichtbar überrascht. Mirna lacht ihn an, sie legt ihre Arme um seinen Hals, streichelt sein Gesicht. Filip tut deutlich distanziert. Er bittet Mirna höflich, hereinzukommen und sich zu setzen. Er holt ein Glas, gießt Wein ein. Mirna sitzt da, trinkt Wein und sieht Filip aufmerksam an. Sie schweigt. Er geht in die Küche, sie hört, wie er eine Dose öffnet und den Inhalt in einen Topf kippt. Nach einer längeren Zeit bringt er ihr einen Teller heißer Hummersuppe. Irgendwann sagt er: »Du hast dich verändert in den langen Wochen der Trennung, du wirkst erwachsener und hast gelernt, Unsicherheiten auszuhalten.« Mirna antwortet nicht. Filip bittet sie, die Nacht bei ihm zu bleiben.

Neuanfang?

Der nächste Morgen ist ein Freitagmorgen. Filip bringt Mirna eine Tasse heißen schwarzen Kaffee. Später frühstücken sie in einem kleinen Straßencafé auf dem Weg ins Ministerium. Er sagt: »Ich bleibe heute in Bonn und möchte, daß du mich abholst, komm um neunzehn Uhr. Wir waren über zwei Monate getrennt. Überleg dir etwas Schönes.«

Am Abend wartet Filip vor dem Ministerium für Zukunftsfragen, Ökologie und Freizeit auf sie. Mirna steigt aus. Sie trägt einen engen, schwarzen Rock mit gewagtem Schlitz. Unter dem Jackett ein knallrotes Top und die gleiche Farbe auf den Lippen. Sie begrüßt ihn, wirft ihm dabei einen Granatapfel aus Pompeiana zu. »Du hast mir einen Liebesapfel mitgebracht«, sagt er und »Störe ich?« der Pförtner. »Du müßtest Adam heißen«, kokettiert Mirna. – »Ich wage nicht an Eva zu denken«, erwidert Filip. Er nimmt sie in die Arme, küßt sie. »Was hast du dir ausgedacht?« – »Laß dich überraschen Filip, es ist nicht weit von hier.«

Sie fährt ihn stadteinwärts, ins Rosental. Dort parkt sie das Auto. Beide gehen die wenigen Schritte zurück zum Restaurant Pierre et Patrice. Filip öffnet die Tür. Sie betreten den Raum. Die Menschen drehen sich nach ihnen um. Filip flüstert: »So etwas erlebe ich nur, wenn du an meiner Seite bist.« Mirna war früher schon öfter hier. Pierre, der Wirt, kommt auf sie zu, begrüßt sie. Das kleine französische Restaurant besitzt eine besondere Atmosphäre. Pierre nimmt den beiden die leichten Mäntel ab und hängt sie in einen Bauernschrank, der am Eingang steht. An den Wänden Grafiken Bonner Künstler und Spiegel, die das Restaurant größer erscheinen lassen. Balken unter der Decke. Der Wirt bringt sie zu einem kleinen Tisch.

»Möchtest du neben mir sitzen oder mir gegenüber?« fragt Filip. »Am liebsten beides.« Er lacht: »Du hast dich nicht verändert, du willst immer alles und sofort.« Die beiden setzen sich so, daß sie sich in die Augen blicken können und nahe beieinander sitzen. Seine Hände fassen über den Tisch nach ihren: »Du bist noch schöner geworden.« – »Du schmeichelst mir. Ich bin müde, und meine Schönheit ist nicht steigerbar.« –»Schau in den Spiegel, der neben dir hängt.« – »Ich habe schon besser ausgesehen.«

Filip widerspricht nachdrücklich. Der Wirt bringt eine Schiefertafel, auf der mit Kreide die Speisekarte geschrieben ist. Mirna und Filip wählen aus. Sie stellen fest, daß sie die gleichen Gelüste haben. Sie bestellen drei Vorspeisen. Jakobsmuscheln in Safranreis. Salat und Entenleber. Gambas. Dazu trockenen, weißen französischen Landwein.

»Es ist heute abend wie bei unserem ersten Abendessen, damals im Mövenpick. Du ziehst mich an wie…« – »Hör auf. Themenwechsel. Bitte«, sagt Mirna fast schroff, sie nimmt seine Hände und küßt ihn in die Handflächen. Sie lächelt. Filip sagt: »Wenn du mich so anschaust, machst du mich rasend.« – »So? Mache ich das?« fragt sie träge.

Drüben an der Bar vor der Küche lehnt Pierre lässig an der Wand. Er redet mit dem Koch. Da hören beide, wie er sagt: »Wir haben die Sechs ganz vergessen. Du mußt das Essen à la minute für sie machen. Am besten den Salat zuerst.« Der Wirt faßt sich an den Kopf: »Ich habe den Wein vergessen und das Brot. Aber die am Tisch sechs sind so mit sich beschäftigt. Die werden das gar nicht gemerkt haben.« Filip dreht sich sofort um und sagt freundlich: »Mit Wein ginge es uns noch besser.« Der Wirt beeilt sich und bedient Filip und Mirna nun aufmerksam. Er serviert eine Vorspeise nach der anderen. Aber die beiden lassen sich Zeit. Als Mirna erstmals auf die Uhr schaut, staunt sie, daß drei

Stunden vorbeigegangen sind. Filip sagt: »Ich möchte einmal nicht müde sein, wenn ich dich in meinen Armen halte, laß uns gehen.«

Er steht auf und bezahlt. Sie geht ans Fenster und schaut hinaus. Sie stellt fest, daß es regnet in Bonn. Filip bringt ihr den Mantel, legt ihn um ihre Schultern. »Ich fahre heute«, sagt er. Beide winken Pierre zu und gehen hinaus. Filip legt seinen Arm schützend um Mirna. Wenig später fährt er sie ins Blockhaus nach Röttgen, aus dem er sich vor über zwei Monaten verabschiedet hatte. Mirna legt eine Schallplatte mit Barockmusik auf.

Am nächsten Morgen hat Filip keine Lust aufzustehen. Er hält sie in seinen Armen. Völlig unvermittelt schüttelt er sie: »Sag, wie viele Männer haben dich schon besessen, wie viele Erinnerungen trägst du mit dir herum?« – »Du bist sonderbar. Was fällt dir ein? Mit wieviel Frauen warst du im Bett, seit wir uns kennen?« – Filip erwidert gereizt: »Vergiß es.«

Mirna lenkt ab, sie will sich den schönen Morgen nicht verderben und sagt: »Ich habe wunderbar geschlafen.« Und Filip: »Das lag bestimmt daran, daß es heute nacht so geregnet hat.« Dann geht er ins Bad. Mirna bereitet das Frühstück. Sie deckt den Tisch auf der überdachten Loggia neben der hohen Kiefer.

Um zehn kommt der Fahrer. »Bis Montag abend«, sagt Filip. Und Mirna erwidert: »Manchmal fallen dir wirklich Kröten aus dem Mund.«

Ich spielte Gott

In den ersten Septembertagen kommt die Einladung zum Bundespresseball. Mirna will Filip bitten, daß er sie dieses Mal begleitet. Sie fragt ihn in einer Altweibersommernacht. Sie sitzen in Korbstühlen unter Birken im Garten. Ein eher unwirklicher Abend. Die Stille unterbrochen vom leisen Klirren, wenn die Kieferkronen ganz oben zusammenstoßen. Filip wird es kühl, er steht auf, geht ins Haus, bringt Kissen und legt sie Mirna in den Rücken, flüstert ihr ins Ohr: »Ich bin verrückt nach dir.« Sie antwortet: »Und ich möchte einiges mit dir besprechen. Inzwischen habe ich einen Zettel voller Stichpunkte.« Filip sagt: »Die können warten; wenn du nicht gleich aufhörst mit diesem dummen Zeug, dann trage ich dich ins Bett.« Darauf Mirna: »Das wirst du bleiben lassen.«

Später fragte sich Mirna oft, was passiert wäre, wenn sie Filip nicht so nachdrücklich gebeten hätte, sie zum Bundespresseball zu begleiten. Die kommende Nacht sollte ihr Leben so gründlich verändern, daß danach nichts mehr so war wie zuvor.

Damals, an jenem eher unwirklichen Altweibersommerabend im September, spürt Filip die Feuchtigkeit des Kottenforstes. »Mir werden die Knochen klamm«, sagt er und fügt erklärend hinzu: »Wir wohnen in einem Sumpfgebiet.« Mirna zeigt in den Sternenhimmel hinauf: »Die Milchstraße hebt sich heute klar und deutlich vom Nachthimmel ab.« Inzwischen spürt sie ebenfalls die Feuchtigkeit, sie bemerkt, daß Filip bereits die Kissen ins Haus trägt. Dort setzt er sich in seinen Lieblingssessel. Sie hockt sich vor ihn auf den Boden, faltet ihren Spickzettel auseinander und fragt nun nacheinander die einzelnen Punkte ab. Sie kommt zum Bundespresseball: »Ich möchte in diesem Jahr unbedingt mit dir hingehn.« Filip reagiert ärgerlich: »Es geht nicht. Laß dich von deinem Schweizer Wissenschaftler begleiten, der ist doch ganz scharf darauf.« – »Du irrst. Er wundert sich höchstens, daß wir nicht zusammen ausgehen. Bitte erfüll mir den Wunsch.« – »Wenn es ein anderer Presseball wäre, in Hamburg zum Beispiel mit deinen Kollegen. Aber nicht in Bonn.« – »Ich verstehe das nicht?« – »Es ist mir unmöglich, mich mit dir auf dem Bundespresseball in der Öffentlichkeit zu zeigen.« – »Du wirst verletzend. Du legst doch sonst großen Wert darauf, daß ich dich überallhin begleite, und verheimlichst mich nicht.« – »Das waren andere öffentliche Anlässe. Du kannst Konferenzen, Kongresse oder Dienstreisen nicht mit dem Bundespresseball vergleichen.« – »Warum nicht? Ganz Bonn weiß, daß wir zusammen sind.« – »Ich kann das noch steigern, ganz Washington, Paris, Luxemburg, Brüssel, Straßburg weiß, daß wir zusammen sind. In der wissenschaftlichen Welt kommt es sogar zuweilen vor, daß sie mich mit deinem Namen anreden, wie kürzlich in der Akademie der Wissenschaften in München.«

Mirna spricht leise, sehr ernst und sehr reserviert: »Vielleicht gibt es einen anderen Grund, weshalb du mich nicht auf den Bundespresseball begleiten willst?« Filip antwortet schneidend: »Den gibt es. Ich kann das Wiesbaden nicht antun.« – »Was für ein neuer Ton. Aber ich verstehe dich nicht, da du ab Oktober, und das ist bereits nächsten Monat, nicht mehr nach Wiesbaden fahren möchtest, sondern mit uns im Blockhaus leben willst.« – »Das hatte ich vor, doch es geht nicht. Ich brauche noch etwas Zeit. Sie läßt mich nicht.« – »Warum nicht?«

Filip steht auf, geht in der Bibliothek auf und ab. »Mirna, meine Liebe zu dir ist die eine Geschichte in meinem Leben. Es ist neu, daß ich mir Gefühle erlaube. Das weißt du. Die andere Geschichte ist die mit Julia. Du warst noch nicht geboren, als wir heirateten. Nach dem Krieg arbeitete Julia und finanzierte mein Jurastudium. Julia gab später ihr eigenes Leben auf. Sie tat alles für mich und meine Karriere, hielt mir den Rücken frei. Julia kommt aus einer anderen Generation Frauen. Sie hat keine emanzipatorischen Ambitionen. Sie opfert sich für mich auf, wie sie das nennt, sie liebt mich auf ihre Weise; während es für mich eine Verstandesehe war und ist. Ich habe Verpflichtungen ihr gegenüber. Julia duldete bislang fast alle meine Affären, nahm sie stillschweigend hin. Wenn es jedoch etwas Ernstes wird und sie befürchten muß, daß ich sie verlassen könnte, dann schlägt sie zu. Sie sitzt freilich am längeren Hebel, denn wir haben eine Leiche im Keller.«

Filip bleibt ruckartig stehen, überlegt kurz, dann setzt er sich in seinen Sessel. Mirna hockt noch immer auf dem Boden. Sie blickt zu ihm hoch. Er versucht ein Lächeln, was ihm kläglich mißlingt. Filip gießt sich nun ein Bier ein, dabei fängt er leise zu sprechen an. Es ist fast, als hätte er Mirna vergessen und spräche zu sich selbst. »Es gab einmal eine vergleichbare Situation in meinem Leben. Ich hatte in Wiesbaden in der Behörde ein junges Mädchen eingestellt, in das ich mich verknallte. Später nannte ich sie Pygmalion. Unsere Geschichte ging über viele Jahre. Als ich dann nach Bonn mußte, nahm ich sie mit und machte sie zu meiner ersten Sekretärin. Dabei half ich ihr, das Abitur auf dem zweiten Bildungsweg nachzuholen. Pygmalion verließ danach mein Büro, studierte Jura, und ich half dabei. Ich schrieb die großen Arbeiten und half ihr bei der Dissertation. Manchmal sagte Pygmalion ›lieber Gott‹ zu mir.« Mirna wirft ein: »Unglaublich.« Filip lächelt leise in sich hinein, streicht sich gedankenverloren mit den Fingern über den Kopf. »Das, was aus Pygmalion schließlich wurde, war sie durch mich. Meine Frau entdeckte unsere Geschichte wegen einer Kleinigkeit. Irgend etwas lag anders in meinem Schrank. Da waren wir schon über zehn Jahre zusammen. Ich konnte mir das nie erklären, denn Pygmalion besuchte mich nur, wir lebten nie zusammen. Ich verheimlichte unsere Geschichte auch vor der Gesellschaft. Julia zwang mich damals, Pygmalion zu verlassen. Das war zunächst hart.«

Filip steht auf, geht langsam in der Bibliothek auf und ab, spricht weiter: »Die erste Zeit mit Pygmalion war wie ein Rausch, später immerhin die Durchbrechung meines Alltags, vergleichbar mit dem Besuch der Oper oder dem eines exklusiven Restaurants und einem erlesenen französischen Gericht mit vielen Gängen. Pygmalion war erst siebzehn, als wir uns begegneten. Ich konnte sie formen, auf ihren Charakter einwirken, sie in die von mir gewünschte Richtung lenken. Und ich war ihr erster Mann. Das war nicht ohne Reiz.«

Filip bleibt stehen, setzt sich, trinkt Bier, ein Glas und noch ein Glas. Es scheint wirklich, als hätte er Mirna vergessen. Er spricht noch leiser: »Aber wegen Pygmalion konnte ich Julia nicht verlassen. Wegen seiner Freundin gibt man seine Ehe nicht auf, ganz zu schweigen davon, daß man sich das heute gar nicht mehr leisten kann. Das bedeutet, seit die SPD an die Macht kam, das finanzielle Aus.« Mirna unterbricht ihn: »Ich verstehe dich nicht.« – »Das ist auch nicht wichtig, akzeptiere einfach, daß ihr Frauen anders seid; ihr entwickelt Gefühle, wenn ihr mit einem Mann zusammen seid. Das tun wir zwar auch; aber zwischendurch gehen wir arbeiten oder anderen Dingen nach. Frauen neigen zum Nestbau, zur Regelmäßigkeit und Ausschließlichkeit. Männer mögen das Außergewöhnliche, sie suchen Abenteuer oder neue, spannende und schwierige Situationen. Männer sind Jäger, sie können gleichzeitig mehrere Bettgeschichten haben, aber deshalb lassen sie sich nicht scheiden.«

»Warum nicht?« fragt Mirna, und Filip antwortet mit einem Anflug von Ernst: »Wenn man viele Jahre miteinander verbracht hat, wird das gemeinsam Erlebte zur Geschichte, was soviel wie Heimat bedeutet. Das verbindet ungemein. Das alles zu verlassen ist gleichsam, als ob man sich die Beine abhacken würde. Danach kann man nicht mehr laufen. Dem normalen Mann gefallen fast alle Frauen, die in seine Nähe kommen. Deshalb muß man sich als Mann hüten, die Liebe mit der Anziehung zu verwechseln. Ich brauche Sex und habe mir immer genommen, wozu ich Lust hatte. Mal Schweinebraten, mal ein Filet oder einen Brathering. Ich bin leicht für sexuelle Anziehungen empfänglich. Aber tatsächlich liebe ich nur eine bestimmte Frau, und die heißt Mirna.« Die schüttelt fassungslos den Kopf und sagt: »Liebe kommt aus der Tiefe der Seele. Liebe will Ausschließlichkeit. Nach José Ortega y Gasset ist ›die Liebe vielleicht der höchste Versuch, den die Natur macht, um das Individuum aus sich heraus und zum anderen hinzuführen. Im Wunsch suche ich den Gegenstand zu mir zu ziehen. In der Liebe werde ich zu ihm hingezogen. Das ist der kleine Unterschied. Darum erlischt der Wunsch nach etwas von selbst, wenn er erfüllt ist, er vergeht eben mit seiner Befriedigung. Mit der Liebe ist das ganz anders, sie ist eine ständige Unbefriedigtheit.‹«

Filip erwidert: »Deshalb habe ich mir bis ins Alter erfolgreich Gefühle verboten, denn Empfindungen schwächen die Macht. Da ich Pygmalion nicht liebte und auch immer mehrere andere Freundinnen neben ihr hatte, empfand ich es als glücklichen Zufall, als sich einer meiner Referenten in sie verknallte. Ein Strohfeuer. Sie hatten eine kurzzeitige Bettgeschichte, die sie zunächst vor mir zu verheimlichen suchten. Da ich mir nun einmal nicht von Mitarbeitern Hörner aufsetzen lassen kann, hatte ich auch vor mir selbst einen Grund geschaffen, mich von Pygmalion trennen zu müssen. Ich konnte nicht zurück, denn das ließ mein Stolz nicht zu. Für sie war das schrecklich, denn mit mir hat sie die sexuelle Leidenschaft entdeckt. Sie verfiel in Depression, versuchte sich das Leben zu nehmen. Sie kam in stationäre psychiatrische Behandlung ins Landeskrankenhaus im Bonner Norden. Ich besuchte sie nicht. Zum Abschied schenkte ich ihr einen VW Käfer und eine kleine Eigentumswohnung. Zudem verhalf ich ihr zu einem guten Job. Inzwischen treffen wir uns regelmäßig alle paar Monate. Neulich waren wir zusammen essen. Jemand hat ihr von dir erzählt. Sie verzeiht mir das nicht.«

Mirna unterbricht ihn: »Entschuldige, aber was soll das, erzählst du mir mal wieder eine deiner Geschichten, oder willst du mich testen und auf die Probe stellen? Eine Leiche im Keller zu haben ist im politischen Leben fast normal. Unehrlichkeiten, Machtstrategien, die zum Erfolg verholfen haben.« – »Das mag so bei anderen sein. Doch meine Leiche ist echt. Ich habe unmittelbar nach Kriegsende einen umgebracht und würde es wahrscheinlich in derselben Situation heute wieder tun. Es tut mir nicht leid.«

Filip Berg geht einige Schritte auf und ab. Nach einiger Zeit spricht er weiter: »Im Krieg haben wir uns an den Tod gewöhnt und ans Töten. Die Straßen in den Städten waren voller Leichen. Dazu kamen die toten Kameraden auf dem Schlachtfeld. In meiner Generation hat der Tod eine andere Bedeutung als in deiner. Er ist selbstverständlicher.«

Filip spricht nun schleppend. Nach jedem Satz macht er eine Pause: »Meine Frau weiß alles. Ich habe Julia geheiratet, damit ich sie unter Kontrolle habe. Allerdings lag ich schon wenige Tage nach der Hochzeit mit einer anderen im Bett. Sex. Ich brauchte immer Sex und liebe die Abwechslung. Nun versuche ich auch ehrlich zu sein. Ich habe Julia gesagt, daß ich dich liebe, und sie gebeten, in eine Scheidung einzuwilligen. Wahrscheinlich war das falsch. Ich hätte mir treu bleiben und heimlich mit dir zusammensein sollen. Julia sagte: ›Ich denke nicht daran, dich gehen zu lassen. Mein ganzes Leben habe ich für deine Karriere geopfert. Du bleibst.‹ Am Anfang war ihre Drohung schwächer. ›Wenn ich durchdrehe‹, sagte sie, ›und nicht mehr weiß, was ich tue, dann könnte es mir vielleicht passieren, daß ich etwas sage.‹ Sie hat nun einen Brief verfaßt, den sie an das Amt für unaufgeklärte Verbrechen abschicken will.« Filip schweigt.

Mirna friert innerlich. Sie kann das Gehörte nicht glauben und spürt gleichzeitig, wie Abscheu in ihr hochkriecht und so etwas wie ein Gefühl von Ekel. Sie fürchtet sich vor Filip. Mirna legt beide Hände vor ihr Gesicht. Sie erträgt es plötzlich nicht mehr, Filip anzusehen. Ich bin mit einem Mörder zusammen, denkt sie, Filip ist mir unheimlich geworden.

Filip trinkt ein Bier nach dem anderen. Er beobachtet Mirna und spricht nach einer ziemlich langen Zeit einfach weiter, wie zu sich selbst: »Aber es gibt immer einen Weg. Den gab es auch, als ich wegen Wehrkraftzersetzung zum Tode verurteilt wurde. Ich wurde nicht hingerichtet. Ich war immer oben und werde weiter oben bleiben. Ich bin ein Herrenmensch. Als ich siebzehn war, ließ ich mir die Schuhe putzen, und als zwanzigjähriger Kompaniechef entschied ich über Leben und Tod. Ich spielte Gott. Ich wußte damals, daß der Soldat, den ich nach Charkow und Stalingrad schickte, fallen würde. Von dort kam niemand mehr zurück. Ich ließ die Männer alle einzeln an mir vorbeischreiten und wählte diejenigen aus, für die sicher war, daß sie später im Kampf fallen würden. So geschah es dann auch. Familienväter verschonte ich. – Es gibt sicher auch heute einen Weg, die Schwierigkeiten zu überwinden. Aber ich muß Rücksicht nehmen auf meine Frau und das Land. Zuerst kommt der Staat, dann komme ich.«

Mirna schüttelt es, und es würgt sie. Sie schleppt sich ins Bad und übergibt sich. Filip kommt ihr nach, er möchte seinen Arm um sie legen, aber sie stößt ihn weg: »Es graut mir vor dir, spürst du das nicht? Was du berichtest, macht mich schaudern. Daran ändert auch nichts, daß damals Krieg war. Mit der Tatsache, daß du getötet hast, kann ich nicht umgehen. Ich habe keine Worte, dir zu vermitteln, was sich gerade in meinem Innersten abspielt.« Mirna geht wieder in die Bibliothek zurück. Dort stellt sie sich hinter einen Sessel und stützt ihre Hände fest darauf. »Es gab in der Vergangenheit immer wieder Situationen, in denen ich mich vor dir fürchtete. Du verfällst manchmal in so etwas maschinenhaft Mechanisches. Dein Blick bekommt dann eine stechende Kälte und einen Zug von Unmenschlichkeit. Es ist, als ob du alle Empfindungen verloren hättest und nur noch funktioniertest. Es geschieht anfallartig und geht wieder vorbei. In den Tagen danach arbeitest du noch mehr, läßt dich von Terminen zuschaufeln, wie du das nennst. An den Abenden trinkst du, und in den Nächten bist du verrückt nach Sex. Im Schlaf schreist du manchmal oder klammerst dich an mich.«

»Journalistin, du hast eine erstaunliche Phantasie. Ich möchte jetzt keine Auseinandersetzung mit dir.« – »Herr Staatsminister, Sie können nicht so tun, als hätten Sie das nicht gesagt.« – »Wir können ein anderes Mal darüber reden, ich schaue in meinen Kalender, wann das möglich ist«, sagt er nachdrücklich. Dann greift er mit der rechten Hand in die Jakkettasche. »Laß deinen Terminkalender da drinnen stecken, ich hasse es, wenn du mir Gesprächstermine gibst. Ich will heute mit dir reden.«

Filip wirkt teilnahmslos, seine Gesichtszüge erstarren langsam zu einer Maske. Mirna geht im Zimmer auf und ab. Filip holt Whisky und zwei Gläser, eins bringt er Mirna. Er gießt sich ein Glas randvoll, in das andere schüttet er einen Daumen breit, sagt: »Trink!« Filip kippt den Whisky in sich hinein, gießt nach, trinkt. Nach einiger Zeit sagt er: »Laß uns schlafen gehen.« Sie erwidert: »Ich kann nicht.« Da wirft er sich auf sie, krallt sich an ihr fest. Mirna hört, daß er schreiend weint. Ihr fehlt die Kraft, ihn zu trösten. Sie löst vorsichtig seine Finger von ihrem Körper. Er hält sie mit beiden Händen fest: »Geh nicht fort, niemals, verlaß mich nicht, versprich es!« Er nimmt ihr Gesicht zwischen seine beiden Hände. »Hörst du mich? Du hast mir versprochen, daß du mich nicht verläßt.« Und Mirna sagt: »Erinnere mich nicht daran, es tut mir leid, daß ich dir ein solches Versprechen gab.« – »Du darfst mich in dieser Situation nicht verlassen, du hast mir gegenüber auch Verantwortung, denn ohne die Liebe zu dir würde ich nicht daran erinnert worden sein.«

Trotzdem dachte Mirna in den kommenden Wochen oft, daß es besser sei, Filip zu verlassen. Aber sie blieb, weil sie ihr Versprechen quälte und sie es nicht fertigbrachte, es zu brechen. Und Filip tat, als sei nichts gewesen. Er war immer gleichbleibend freundlich, manchmal atemlos auf Höflichkeit bedacht. Er war fürsorglich und aufmerksam, brachte ihr Blumen mit und sagte ihr, wie sehr er sie brauche. Filip ließ sie noch mehr als sonst an seinem beruflichen Leben teilhaben. Er versuchte Mirna mit einzubinden in die Arbeit an einem Buch über Freizeit, Zukunftsgestaltung und Naturschutz. Aber sie lehnte ab, sie konnte sich auf nichts mehr konzentrieren. Sie sagte Filip, daß sie Zeit brauche und Stille zum Nachdenken. Filip verstand sie nicht, sein Verdrängungsmechanismus fuktionierte wieder ausgezeichnet. Mirna fühlt sich wie zerstört. Sie weiß nicht mehr, was sie machen soll. Sie zieht sich zurück, läuft stundenlang durch den Kottenforst und die Felder. Sie versucht die Empfindungen von Abscheu und Ekel wieder loszuwerden und sich in Filip einzufühlen, ihn zu verstehen, obwohl er es weiter ablehnt, mit ihr zu sprechen. Mirna überlegt auch, wie sie in Zukunft leben wird. Sie denkt an Trennung, wenigstens auf Zeit. Filip ist ihr unheimlich geworden, und sie fürchtet sich vor ihm.

Die Äpfel sind reif. Die Pflaumen hängen dunkelviolett an den Bäumen. Mirna sieht es und sieht es nicht. Es ist ihr, als ob sie an dem Wissen über das Verbrechen und daran, darüber schweigen zu müssen, zerbrechen würde.

Du bist stark und hältst viel aus

Mirna verändert sich, sie ist nun meist nervös und leicht gereizt, zuweilen reagiert sie aggressiv. Sie hat Mühe, sich zu konzentrieren. Es fällt ihr schwer, sich auf einen Gesprächspartner einzustellen. Aber das Schlimmste für sie ist, daß sie nicht mehr schreiben kann. Es ist, als sei etwas in ihr verstummt. Sie geht zum Arzt, der eine schwere Stoffwechselerkrankung feststellt und sie in eine Spezialklinik nach Frankfurt schickt. Dort hat sie ein Einzelzimmer mit Telefon. Sie arbeitet weiter für den AFR. Filip ruft täglich an. Mirna unternimmt dann eher klägliche Versuche, mit ihm über das zu sprechen, was sie quält. Aber dazu ist er nicht in der Lage. Er sagt: »Wir reden nach Weihnachten. Dann nehme ich mir Zeit, Du bist stark und hältst viel aus. Wenn man sich einig ist, spielt Zeit keine Rolle. Und wir sind uns einig.«

Nach einigen Wochen geht es Mirna langsam besser. Sie pendelt zwischen Bonn und der Klinik im Wochenrhythmus. Die

Ärzte sind nicht einverstanden, daß sie weiter im Sender arbeitet, obwohl sie noch nicht gesund ist. »Aber ich arbeite«, erwidert sie fest, weil ihr klar ist, daß sie ohne ihre journalistischen Aufgaben die privaten Belastungen nicht durchstehen würde.

In der Woche vor Weihnachten lädt Mirna Filip in ihr Lieblingsrestaurant ein, in den Kräutergarten nach Adendorf. Von der Straße aus sieht das Restaurant eher unscheinbar aus. Das ändert sich jedoch nach dem Öffnen der Eingangstür. Jugendstilmöbel und erlesenes Porzellan in Glasvitrinen. Weiße Wände unter einer dunkelblau gestrichenen Decke mit schweren Holzbalken. Im Kräutergarten steht jeden Dezember ein Tannenbaum, der vom Boden bis zur Decke reicht. Jedes Jahr hat der Christbaumschmuck eine andere Farbe. Diesmal ist er rot, Kugeln, Kerzen, Glasketten und Engel. Mirna freut sich. Sie hatte schon die Fahrt hierher durch den Kottenforst und übers Land, an der Burg Guthenau vorbei, genossen. In Villip waren Kirche und alte Mühle angestrahlt. In den Schaufenstern von Adendorf Tonkrüge und Keramikstücke, nach alten Mustern hergestellt. Im Kräutergarten bringt sie die Besitzerin des Restaurants zu einem Tisch am Kachelofen. Von hier gibt es den schönsten Blick auf den Christbaum. Auf den Tischen stehen weiße Orchideen in Kristallvasen.

Filip hatte keine Zeit mehr zum Umziehen gehabt. Er trägt einen dunkelgrauen Anzug. Sie sieht, daß er beim Friseur war und seine Haare tönen ließ, graublau und silbern. »Deine Haare, Kompliment.« – »Ich hatte befürchtet, daß du kritisierst, weil du kurze Haare nicht ausstehen kannst.« – »Stimmt. Aber diesmal ist der Schnitt ausgesprochen apart, und die Haarfarbe paßt zu Augenfarbe und Brillenrand. Gefalle ich dir?« fragt sie leichthin. »Du siehst romantisch aus und trotzdem elegant.«

Sie lächelt leise. Den schwarzen schmalen Rock, der fast bis zu den Knöcheln reicht, hatte sie einmal bei Harrods in London gekauft. Die Bluse mit Spitzenjabot nähte sie vor Jahren. Mirna wird förmlich: »Filip, ich habe mir erlaubt, das Essen auszuwählen. Laß dich überraschen. Es wird sieben Gänge geben, und wenn du magst, lese ich dir eine Geschichte vor über das Weihnachtsfest meiner Kindertage, die ich vor zehn Jahren für meine Kinder schrieb.« Filip sagt: »Das ist eine gute Idee.«

Zwei Gläser Champagner werden gebracht, sie trinken sich lächelnd zu. »Auf unsere Zukunft«, sagt Filip. Er rückt seinen Stuhl etwas näher zu ihr, fragt: »Wie lang ist deine Geschichte?« – »Wenige Minuten.« – »Dann laß uns die Vorspeise essen, und bis zum zweiten Gang liest du mir dann vor. Einverstanden?« Mirna nickt. Sie schaut ihn an. Der schmale, markante Kopf, die beiden steilen Falten vom Mund abwärts, die hohe Stirn. »Der Generationsunterschied zwischen uns macht mir immer wieder heftig zu schaffen«, sagt sie leise und Filip antwortet spontan: »Während ich meine junge Frau genieße.« – »Wie paßt das zu anderen Sätzen, die du sagst? Ich zitiere: ›Wenn man älter wird, läßt die Heftigkeit des Gefühls nach und weicht einer gewissen Gelassenheit.‹« Filip nickt, Mirna stützt den Kopf auf ihre rechte Hand. »Wenn du besonders gut gelaunt bist, nennst du mich einen kleinen Stern, der um deine Sonne kreist. Filip, ich verstehe deine Sprache nicht und kann deine Signale nicht einordnen.« Filip beugt sich vor, faßt nach ihren Händen.

Nach der Vorspeise bittet Filip Mirna, ihm die Geschichte vorzulesen; sie liest leise: »In Dinkelsbühl gibt es kopfsteingepflasterte Straßen und auf dem Marktplatz einen Weihnachtsbaum. Ich gehe die Hauptstraße hinunter zum Schloß. Dort, wo einmal die Adlerapotheke meines Vaters gewesen war, bleibe ich stehn. Hier stand ich auch an jenem ersten Heiligen Abend, als er aus russischer Kriegsgefangenschaft zurückkehrte.

Er zieht seinen weißen Kittel aus, schaut noch einmal prüfend über die Regale. Dann sagt er: ›Grüß dich.‹ Er sieht müde aus, schweigend gehen wir nach Hause. Wir wohnen in einem alten Haus in der Oettinger Straße. Es wurde vor dem Dreißigjährigen Krieg aus Lehm und Strohmatten gebaut und liegt geschützt hinter Stadtmauern und Wallgraben, der nun ein Garten ist. Das Haus neigt sich zum Bürgersteig hinunter. Vom Parterre führt eine Holztreppe in den Garten. In der Hauswand unter der Treppe gibt es ein Steingewölbe und darin einen tiefen gemauerten Brunnen.

In der Wohnstube sitzt die Großmutter auf ihrem Plüschsofa unter der Wanduhr neben dem Kachelofen. Die Brille ist ihr auf die Nase gerutscht. In der Hand hält sie ein Vergrößerungsglas.

Sie liest halblaut aus der Bibel. Es riecht nach Bratäpfeln, Hutzelbrot und Anisplätzchen.

Die Kirchenglocken läuten. Vom Turm blasen Musikanten ›Stille Nacht, heilige Nacht‹. Wir gehen zur Kirche, weil ich den Quempas singen möchte. Nach dem Christgottesdienst kommt am Abend das Christkind. Der Tannenbaum reicht vom Boden bis zur Decke und hängt voller bunter Glaskugeln. Kerzen brennen. Unter dem Baum die bunten Teller mit selbstgebackenen Plätzchen, Buttergebäck, Lebkuchen und einer Orange, einer Banane und einer Tafel Schokolade. Vater liest nun das Weihnachtsevangelium, dann holt er seine Geige und spielt. Wir singen alle Weihnachtslieder, die wir kennen. Danach nimmt Vater die Tücher von den Geschenken. Ich entdecke, daß meine Puppen neue Kleider bekommen haben. Der Kaufladen, die Puppenküche und Puppenstube stehen wieder da. Ich vergesse alles und spiele.«

Filip sagt: »So war das damals. Als du auf die Welt kamst, war ich bereits verheiratet.« Mirna legt ein graues Strickzeug auf den Tisch. Filip lachend: »Was ist denn das?« – »Mein Weihnachtsgeschenk für dich. Es soll ein Pullover aus Wolle mit Seide werden. Im Sommer fing ich in Pompeiana damit an. Ich werde ihn zu Ende stricken. Fühle, wie weich der ist.« Filip hält das Strickzeug an sein Gesicht. Der zweite Gang wird serviert, eine Fischsuppe in Rahmsauce. Dann Lachs mit Wildreis. Danach ein Weinsorbet. Schließlich Gemüse, gratinierte Kartoffeln und Lammrücken in Kräuterkruste. Mit dem Lammrücken kam, was Mirna erwartet hatte. Filip, darum bemüht, einen traurigen Ton zu finden, sagt: »Wir werden uns nun längere Zeit nicht sehen. Nach den Feiertagen fahre ich zum Skilaufen. Dabei wollte ich eigentlich nicht mehr solange von dir getrennt sein.« Mirna schaut ihm fest in die Augen. Es gelingt ihr ein Lächeln: »Nach den Feiertagen werde ich mit Manuel verreisen.« Filips Antwort ist ein in die Länge gezogenes, fragendes »Du?«. Mirna fest: »Ja, ich.« Filips Augen verändern sich, werden kalt und stahlgrau. Mit durchdringender Schärfe sagt er: »Das wirst du nicht tun. Ich verbiete es dir.« Mirna spricht langsam und sehr leise, sie betont jede Silbe: »Das kannst du nicht. Ich bin ein freier Mensch. Ich werde reisen.«

Das Geheimnis der schwarzen Karneole

»Ich bin in Nassau«, schreibt Mirna an Filip. »Die Preise sind hier schwindelerregend. Eine Banane kostet eine Mark fünfzig und vier Mandarinen zwei Mark. Wasser und Klima sind mild. Es gibt weiße Sandstrände wie im Märchen. Ich wohne in einem bescheidenen, aber sauberen Hotel. Himmelblau mit weißen Türen. Eine Treppe führt von außen in den ersten Stock, und vom Balkon aus gehen Türen ins Zimmer. Palmen wiegen sich im Wind, und Zedern verneigen sich. Kakteen blühen und andere, nie gesehene exotische Pflanzen.

Die Menschen sind groß und schwarz und sehr schön. Kaum Weiße. Ansonsten ist Nassau ein schmutziges Straßendorf, in dem ich nur einen etwas verwilderten Winkel entdeckte.

In vier Stunden fliegen wir nach Miami und von dort aus nach Merida. Du weißt sicher, daß es in Yucatan liegt, in Mexiko.« Dann schreibt sie ihm auf Postkarten »Herzliche Grüße, M.« aus Uxmal, Oaxaca, Mitla und Monte Alban.

Aus Mexico City erhält Filip einen Brief: »Die Luft ist schwer hier. Vielleicht liegt das an der Höhe. Zweitausendzweihundertvierzig Meter über dem Meer. Ich wohne im Hotel Christiana. Mein Zimmer ist klein und dunkel, aber es kostet nur zwanzig Dollar. Ich schaue auf einen Innenhof, und Rosenranken reichen bis vor mein Zimmerfenster. Wir sind heute dreizehn Stunden unterwegs gewesen. Ich sah Mädchen mit Babybäuchen und kleinen Kindern an der Hand, außerdem viele Bettler am Straßenrand.

Mit dem Bus fuhren wir zum Cocola, dem Hauptplatz von Mexico City. Hier Besichtigung der Kathedrale und des National-Palastes. Mich haben die Wandmalereien von Diego Rivera sehr beeindruckt. Er malte in sechzehn Jahren auf vierhundertfünfzig Quadratmeter die Geschichte Mexikos. Ich war im Kachelhaus, la casa de los azulejos, mit leuchtendblauen Kacheln aus Pueba, 1750 erbaut im Mudèjarstil. Besonders schön der Innenhof mit einem Restaurant, in dem auf farbenprächtigen Wandmalereien Pfauen ihr Rad schlagen.

Über der Straße liegt Torre Latinoamericana, das einzige

Hochhaus der Stadt. Vom dreiundvierzigsten Stock der Blick über Mexico City, die wie mit Sandschleiern verhangen daliegt. Smog. Spaziergang durch den Alamedapark, vorbei am Palast der schönen Künste, der auf einer Seite vier Meter in den schwammigen Untergrund von Mexico City abgesunken ist. Fahrt mit der Metro nach Taltelolco. An den Haltestellen gibt es Sprach- und Bildzeichen: Basilica und Bilder von der Basilica.

In Taltelolco vielleicht fünfzig Hochhäuser, die Namen von Generälen und alten Herrschern tragen. Viele Ruinen von Azte-kentempeln. Weiter mit Bus und Metro quer durch die ganze Stadt zum Universitätsviertel. Aufregend die moderne Architek-tur und die bunten Mosaike, die ganze Häuser einhüllen. Mit dem Taxi ins Aztekenstadion, danach ins Künstlerviertel Sant Angel. Per Autostopp ins Millionärsviertel. Jardines del Pedregal de Sant Angel. Auf einem riesigen Lavafeld zwischen bizzaren Steinen liegen hinter dicken Mauern Villen mit vergitterten Fen-stern in exotischen Gärten. Polizeistreifen. Jeden Abend falle ich müde ins Bett. Ich gestehe, daß ich manchmal an Dich denke.«

Mirna schreibt nicht, daß es in Mexiko Augenblicke gibt, in denen sie nahe daran ist, in Manuels ausgebreiteten Armen zu versinken, einfach zu vergessen, sich verwöhnen zu lassen von einem lieben Freund, der nichts ausläßt, um sie zu verführen. Die beiden gehen ins Theater, hören Konzerte, essen in guten Restau-rants und durchtanzen Nächte. Manuel ist knapp zwei Meter lang, er sieht aus wie ein russischer Großfürst. Der Schweizer Biologe ist immer charmant und versteht es, Mirna in interessante Diskussionen über Gentechnologie zu verwickeln, und prophezeit ihr, daß er sie eines Tages heiraten und mit ihr leben werde.

In Mexico City, im Innenhof eines alten Hauses von Coyoa-can, sagt Manuel zu Mirna: »Filip steht zwischen uns. Er ist alt. Ich bin zwanzig Jahre jünger als er. Ich kann warten. Die Gen-technologie wird unser Leben verlängern. Mit sechzig wirst du für mich auch noch attraktiv sein. Ich überlebe Filip. Was du machst, ist Wahnsinn. Filip wird dich zerstören.« Mirna weint. Leise sagt sie: »Es gibt Tage, da leide ich wie ein Hund. Ich werde bis nächste Woche nachdenken und mich dann entschei-den.«

Eine Woche später verabschiedet sich Mirna auf dem Marktplatz von Oaxaca von Manuel. Sie steigt in einen klapprigen Autobus und dreht sich nicht mehr um, weil sie weiß, daß sie es nicht ertragen würde, sein verzweifeltes Gesicht zu sehen.

Am Flughafen von Oaxaca, der oben auf den Bergen liegt, kauft sie ein Ticket bei der Aerovias Oaxaquenas-Linia nach Puerto Escondido, einem kleinen Ort am Pazifik. Dann geht sie mit ihrem Bordkoffer übers Flugfeld zu einem weißen Propellerflugzeug, auf dem in großen blauen Buchstaben »Monte Alban« steht. An Bord drei Mestizen. Der Pilot rast im Tiefflug über die Bergketten hinweg. Manchmal sieht es aus, als sei er noch knapp an einem Felsen vorbeigekommen.

Eine Holzbaracke im Sand. Der Flughafen von Puerto Escondido. Mirna freut sich, daß sie festen Boden unter ihren Füßen hat. Sie steigt in eines der wartenden Taxis und läßt sich langsam durch den Ort fahren und dann hinaus zum Pazifik. Dort sieht sie ein Hotel in einem tropischen Garten. Palmen wiegen sich im Wind, exotische Blumen blühen. Mirna wählt ein Zimmer aus, das eine Terrasse zum Garten hin hat. Das Besondere ist der Blick vom Bett aus auf den Pazifik.

Der nächste Morgen. Trommeln im Urwald bei Tagesanbruch. Klagendes Pfeifenspiel bis kurz vor Sonnenaufgang. Mirna geht hinunter an die Bucht, sie wird von Zisch- und Schnalzlauten begleitet. Pelikane in der Luft. Kanus auf dem Wasser. Menschen mit brauner Haut und Mandelaugen. Als sie nach dem Schwimmen an den Strand kommt, sind Handtuch, Hemd und Leinenschuhe verschwunden. Am nächsten Morgen ebenfalls. Nun läuft sie im Badeanzug barfuß über den heißen Sand ans Meer.

In der Pazifikbucht sitzt Mirna nahe am Wasser. Sie schaut den Indiofrauen zu, wie sie ihren Töchtern bunte Bänder ins schwarzglänzende feuchte Haar flechten. Die alten Frauen liegen in farbige Decken eingewickelt. Die Gesichter von der Sonne gegerbt und zerfurcht. Kinder krabbeln ins seichte Wasser und lachen, wenn Wellen über sie hinwegklatschen.

Mirna steht auf, sie geht langsam ins Hotel zurück. Ein Mestize kommt ihr durch den tropischen Garten entgegen. Er trägt weiße Bermudas und um den Hals eine Kette mit einem schwarzen Stein, der dunkelrot schimmert. Er wird nie etwas anderes tragen. Seine Bewegungen sind die einer Wildkatze, geschmeidig und von natürlicher Eleganz. Sie spürt seinen Blick über ihren Körper gleiten. Dieser Mann elektrisiert sie, zieht sie erotisch an. Sie setzt sich benommen auf den Boden, gesteht sich ein, daß sie ein solches Gefühl bei Filip nie verspürt hat. Sie schaut in die hohe Palme hinauf, unter der sie sitzt, und durch sie hindurch in den blauen Himmel. In diesem Augenblick ahnt sie, daß Liebe ein anderes Gefühl sein müßte. Sie begreift, daß in ihrer Beziehung zu Filip ein wesentliches Element fehlt. Er hat keine erotische Ausstrahlung für sie. Erfüllung in der Liebe ist mit ihm nicht möglich. Es gibt kein spielerisch-zärtliches Miteinander. Er will Sex, immer nur schnellen Sex. Damit hat sie ihre Probleme.

Mirna ist seit seinem Mordgeständnis klar, daß sie aus Pflichtgefühl weiter bei ihm bleiben muß. Sie könnte ihr schlechtes Gewissen nicht ertragen, wenn sie ihn verlassen würde. Aber in diesem Augenblick begreift sie endgültig, daß sich Liebe und Macht nicht vertragen. Sie wird ihren Traum von der Liebe mit Filip nicht leben können. Die Realität ist völlig anders. Das muß ich akzeptieren, denkt sie.

Am Abend sieht sie den Mestizen an der Bar stehen. Er diskutiert mit anderen Männern. Sie hört, daß sie über die Ernte reden und die Preise, die sie auf dem Markt für Mais und Weizen erzielen können. Der Mestize spricht über seine Finca im Landesinneren. Er kommt einmal im Monat nach Puerto Escondido zum Einkaufen.

Mirna sitzt in einem Korbsessel nahe an der Bar. Der Mestize schaut manchmal zu ihr herüber. Sie fühlt seine sinnliche Ausstrahlung auf ihrer Haut. Sehnsucht nach Zärtlichkeit breitet sich langsam in ihr aus. Sie spürt, daß sie sich nach den Umarmungen dieses Mannes sehnt, und sie freut sich über dieses Gefühl, obwohl sie weiß, daß sie sich damit begnügen muß. Sie will Filip in die Augen sehen können, wenn sie zurückkommt. Sie hat sich entschieden, bei ihm zu bleiben.

Am nächsten Morgen fliegt Mirna mit dem ersten Flugzeug nach Oaxaca. Weil sie erst am Abend einen Anschlußflug nach Miami hat, bleibt ihr noch Zeit. Sie fährt mit einem Bus in den Ort. Am Marktplatz entdeckt sie eine kleine Tienta. Sie öffnet die

Tür und betritt den halbdunklen Raum. Zwei alte Indiofrauen sitzen sehr gerade auf Holzstühlen. Mirna fragt, ob sie ein wenig im Laden herumschauen darf. Die beiden Alten nicken. Mirna entdeckt in einem Nebenraum einen Weidenkorb voller blaßroter Karneole. Sie sucht sich zwei Hände voll schön gemaserter Steine aus und bittet die Indiofrauen, die Karneole zu einer Kette zu knüpfen. Als die fertig ist, legt Mirna sie sich um den Hals.

Sie wird die Kette aus blaßroten Karneolen immer tragen. Sie ist ihre Erinnerung daran, daß sie einmal ein Mann unvermittelt erotisch angezogen hat. Einige Zeit später bemerkte sie, daß die Steine allmählich ihre Farbe veränderten und dunkler wurden. Jahre darauf war Mirnas Karneolkette nahezu schwarz geworden, aber wenn Sonne oder Licht auf sie fiel, dann leuchtete sie von innen heraus dunkelrot. Mirna ließ die Kette in einem Speziallabor untersuchen. Die Analyse ergab, daß sie ganz seltene und kostbare Chalzedone aus Südafrika besaß. Irgendwann erinnert sich Mirna, daß es ein schwarzer Stein mit dunkelrotem Schimmer gewesen war, den der Mestize an einer Kette um den Hals getragen hatte.

Bonner Alltag

Mirna hat Mühe, in ihr gewohntes Leben in Bonn zurückzufinden. Vor allem macht ihr der graue Himmel zu schaffen. Daran ändert auch Filips fröhlich klingende Stimme am Telefon nichts. »Hallo«, sagt er. Und: »Guten Morgen. Du kannst nicht ahnen, wie ich mich freue, daß du aus Mexiko zurück bist.« Dann lädt er sie für den Abend in La Redoute ein zum Kammerkonzert der Berliner Philharmoniker, das zu Ehren des Bundespräsidenten und seiner Frau gegeben wird.

Mirna bemüht sich um Freundlichkeit, es fällt ihr schwer, in ihre alte Rolle zurückzuschlüpfen. Die Wochen in Mexiko haben sie verändert. Sie hört, wie sie sich für die Einladung zurückhaltend bedankt, dabei ist es ihr jedoch, als stünde sie neben sich. Dieses Gefühl sollte von nun an zu ihrem ständigen Begleiter werden. Mirna hatte sich in Mexiko entschlossen, Filip Berg nicht zu verlassen. Sie bleibt dabei und wird sich manchmal wie eine Schauspielerin vorkommen.

Als Filip am Abend den Festsaal des Schlosses betritt, wird er nach vorn geleitet zu einem für ihn reservierten Platz. Mirna schaut erschrocken, Filip flüstert:»Setz dich, wo sie dich hinbringen, ich komme gleich zu dir.« Filip begrüßt die politische Prominenz. Dann geht er zu Mirna, setzt sich neben sie. Sie hören Beethoven, Mozart, Tschaikowsky. Die Berliner Philharmoniker spielen überwältigend. Beide klatschen, Mirna ruft:»Bravo.« Filip ist das peinlich. Die Berliner Philharmoniker spielen noch eine Zugabe. Nach dem anschließenden Empfang schlendern beide durch den verschneiten Bad Godesberger Stadtpark am kleinen Theater vorbei zu Ria Maternus zum Abendessen. Filip stellt irgendwann fest:»Du hast mir wenig geschrieben und warst zu lange fort.« Sie antwortet:»Mir kam es kurz vor, für den, der daheim bleibt, vergeht die Zeit langsamer.«

»Was hast du erlebt?«

»Ich habe Urwälder gesehen und viele Kulturschätze. Ich bin mit dem Autobus durchs Land gefahren und im gemieteten Jeep, habe in schlechten Hotels geschlafen und in luxuriösen. Ich sah Mérida, Uxmal, die Mayastadt Kabah, Labná und Chichén Itzá. Ich sah die Pyramide des Zauberers, Masken, Schlangensymbole, doppelköpfige Jaguare. Der Regengott Chac und die langen Rüsselnasen auf dem Codz-Poop-Tempel hätten dir auch Spaß gemacht. Ich habe viel Armut gesehen in den kleinen Pueblos im Urwald. Die Indios leben dort in runden Lehmhütten, schlafen in Hängematten, die sie über den festgetretenen Lehmboden gespannt haben. Die Kinder spielen nackt am Straßenrand. Frauen tragen weiße Kleider mit bunten Stickereien. Mayamotive, indioblau in vielen Schattierungen und grün, der Farbe der Urwälder. Ich habe eigenartige Tierlaute gehört, schrille, dumpfe und manchmal melodisches Pfeifen. Ich möchte Worte haben, um dir die exotischen Gärten zu beschreiben und die Pfauen, die in ihnen spazierengehen. Ich wünsche mir zum Geburtstag einen Pfau.«

»Du bist unmöglich.« – »Das weiß ich«, gibt Mirna zu, worauf Filip einwirft: »Deine Nachbarn würden sich beklagen über das Geschrei, außerdem ist es hier viel zu kalt. Warte noch ein paar Jahre, bis wir in der Provence leben. Für deinen Geburtstag habe ich mir etwas anderes überlegt. Ich werde dir Rom zeigen. Und nun möchte ich dich ins Blockhaus begleiten. Ich muß morgen früh aufstehen, ich werde bereits um sechs Uhr vom Fahrer abgeholt; er fährt mich zu den Tarifverhandlungen nach Stuttgart. Laß uns nun gehn. Ich sehne mich nach dir.« Er faßt nach ihren Händen, küßt sie.

Später. Sie badet, zieht ein Baumwollhemd an. In ihrem Schlafzimmer knipst sie eine Jugendstillampe an und sieht dem Licht zu, wie es sich in den barocken Spiegeln bricht. Sie setzt sich aufs Bett, zieht die Beine an, stützt Arme und Kopf darauf.

Um halb fünf klingelt der Wecker. Mirna schlüpft in einen warmen Overall. Sie putzt die Zähne, hält ihren Kopf unter kaltes Wasser. Im Gästebad steht die Tür offen. Ihr Blick fällt auf eine Bodylotion und eine Parfümschachtel. Sie denkt: Er hat sich also auf die Nacht vorbereitet. Mirna geht zurück ins Schlafzimmer, weckt ihn. Sie frühstücken in der Küche, Croissants und schwarzen Kaffee.

Aus Stuttgart rief er an, doch für den Rest der Woche sah sie Filip nicht mehr.

Filip stellt keine Fragen. Doch hin und wieder, in einem hingeworfenen Halbsatz, merkt sie, daß ihn ihre Zeit in Mexiko beunruhigt. »Hat sich zwischen uns während deiner Reise etwas verändert?« Oder: »Habe ich Anlaß zur Sorge?« fragt er. Sie überhört die Fragen. Als er jedoch immer wieder nachhakt, sagt sie: »Es hat sich nichts geändert. Ich möchte nur endlich einmal mit dir reden. Deine Geschichte belastet mich.« – »Ich bin dir dankbar, daß du mich in Ruhe gelassen hast. In Rom werden wir die Zeit finden und das Ambiente, das für ein solches Gespräch notwendig ist.«

Die nächsten Wochen vergehen mit Arbeit ausgefüllt. Sie muß eine Titelgeschichte über den Super Phénix redigieren und satzfertig machen. Am nächsten Tag soll Peter ins Krankenhaus. Ein kleiner Eingriff an der Hand. Mirna packt den Koffer für die Klinik, sie räumt das Haus auf und ordnet ihre Manuskripte ein, weil sie am nächsten Mittag in die Redaktion nach Hamburg muß. Dann fährt sie noch einmal hinunter in die Stadt. Dort trifft sie einen Wissenschaftler, den sie kürzlich interviewt hat. Er möchte seine Antworten, bevor sie in Satz gehen, noch überfliegen. Gegen zehn Uhr abends ist sie zurück. Kurz darauf kommt Filip. Er berichtet von seinem harten Tag, und daß er keine Lust mehr habe. Die Politik sei wirklich ein schmutziges Geschäft. Morgen müsse er zu Haushaltsverhandlungen. Am Donnerstag nach Ludwigshafen und Neustadt. Dann Stuttgart, am Samstag München. Sonntag Wiesbaden. Montag, Dienstag und Mittwoch zur Wasserkonferenz nach Berlin.

Sie gehen ins Bett. Er schläft sofort ein. Der Wecker klingelt kurz vor sechs. Sie macht Frühstück. Filip kommt später dazu. Dann fährt sie Peter in die Klinik, bleibt bei ihm bis nach dem kleinen Eingriff. Um eins fliegt sie nach Hamburg, arbeitet im Flugzeug am Manuskript. Um fünfzehn Uhr Konferenz mit den Kollegen. Um einundzwanzig Uhr kommt Mirna wieder am Flughafen an. Filip holt sie ab.

»Ich hätte eigentlich noch bis Mitternacht im Ministerium zu tun gehabt, aber ich möchte mit dir zusammen sein.« – »Und ich bin unruhig wegen Peter.« Sie fahren ins Krankenhaus, besuchen ihren Sohn. Nach Mitternacht sind sie zu Hause. Filip stellt fest: »Journalistin, Mutter und Frau, das ist zuviel.« Er holt aus dem Kühlschrank ein Bier, Mirna bringt er ein Glas Wein. »Ich bin noch leicht überdreht von meinem Tag«, meint er. »Ich rotiere, du merkst es sicher. Deiner Sensibilität bleibt nichts verborgen. Ich möchte die Sechste von Beethoven hören.« Mirna legt die Platte auf, setzt sich vor ihn auf den Boden. »Wir werden uns erst in zwei Wochen wiedersehen«, bemerkt er, »aber das Telefon hilft uns über die Zeit, es ist besser als nichts, dabei weiß ich wohl, daß du nicht gerne telefonierst.«

Erst kommt der Staat, dann komme ich

Nebel am Morgen in Bonn. Aber der Flieger von Frankfurt nach
Rom startet pünktlich. Drunten sehen die Flüsse jetzt silbern aus.
Schnee in den Gebirgstälern. Kupfertöne. Erdfarben. Großflä-
chige Muster. Gleißendes Licht. Bizarre Wolkenhaufen. Und
diese gewisse Neugierde auf den kommenden Tag. Der Pilot teilt
über Lautsprecher aus dem Cockpit mit: »In fünfzehn Minuten
landen wir in Rom. Die Temperatur beträgt zwanzig Grad.«
    Aeroporto Leonardo da Vinci. Sonne. Bleiches Licht. Die
Wärme tut gut. Sie nehmen den Bus in die Stadt zur Stazione
Termini. Mirna läßt sich auf einen Flirt mit dem Busfahrer über
den Rückspiegel des Autobusses ein. Filip amüsiert das. Über-
landleitungen. Pinien, landeinwärts gebogen vom Wind. Eukalyptusbäume. Weiden. Schilf. In den Feldern italienische Bauernhöfe, am Horizont Rom. Gelbblühende Büsche. Lauchfelder
vom vergangenen Jahr. Sanfte Hügel und immer wieder Pinien,
Zypressen, Eukalyptus. Der Tiber schlängelt sich an der Straße
entlang.
    Rom. Trattorias. Bars. Restaurants. Palazzos. In der Via Ost-
ience sind die Platanen bis auf die Stämme zurückgeschnitten.
Das Forum Romanum und kurz darauf die Stazione Termini.
Mit dem Taxi fahren sie zu ihrem Hotel an der Spanischen
Treppe. Südländisches Treiben. In den Schaufenstern weibliche
Eleganz. Männer stehen diskutierend herum. Azaleen in Kübeln
an Hauswänden straßenweise, auch über die Spanische Treppe
hinauf bis zur Trinità dei Monti.
    Filip zeigt Mirna Rom. Einen Abend. Eine Nacht. Und noch
einen Tag. Sie gehen die Spanische Treppe hinunter, schauen in
einen verwilderten exotischen Garten: Apfelsinen- und Zitronenbäume voller Früchte, Palmen, Bananenstauden und Rosenbü-
sche. Kanarienvögel singen in goldenen Käfigen. Der Blick über
die Ewige Stadt bis zum Kapitol. Monsignores schreiten, in Gespräche versunken, die Treppe herauf. Auf dem Spanischen Platz
Pferdedroschken. Ein Mann schleppt einen goldenen Bilderrah-
men, unter dem er fast verschwindet. Sie frühstücken im Café
Greco und machen dann einen Einkaufsbummel.

In Rom, im Restaurant Othello, sagt Filip: »Du kennst mein enges Umfeld und weißt, daß ich Macht brauche. Wegen der Geschichte damals bleibe ich im zweiten Glied. Ich kämpfe für eine bessere Zukunft und sehe dies als eine Art Wiedergutmachung an. Du erlebst, wie ich mich einsetze; erst kommt der Staat, dann komme ich. Ich sehe vier Wege oder vier Modelle für uns. Das erste: Alles laufenlassen und nichts tun. Das zweite: Auswandern. Ich habe eine Recherche in Auftrag gegeben. Ich erwarte das Ergebnis im Herbst. Du müßtest dann überlegen, ob du bereit wärst, mich zu begleiten. Die Auswanderung sehe ich jedoch als besseres Gefängnis an. Eine andere Kultur und Sprache. Kaum Arbeitsmöglichkeit. Verlust der Pension ist wahrscheinlich. Modell drei: Große Schauspielerei bis zum Lebensende. Zurück zur Ehefrau nach Wiesbaden, lebenslang unfrei. Modell vier: Langsamer Ausstieg aus der Politik in allen Ehren. Das ist möglich. Danach Pensionierung. Es wird dann kein großes öffentliches Interesse mehr an meiner Person geben. Danach stelle ich mich selber. Die Aussichten für eine völlige Straffreiheit sind gut. Ich werde ein neues Leben beginnen.«

Filip sieht Mirna an und spricht nach einer langen Pause weiter: »Ich weiß, daß du für das vierte Modell bist. Ich bin mir jedoch heute noch nicht klar darüber, ob ich die Kraft dazu haben werde, mich tatsächlich zu stellen. Ich genieße ein hohes Ansehen in der Öffentlichkeit. Es ist mir furchtbar, daran zu denken, daß ich es verlieren könnte. Außerdem möchte ich nicht hinter geschlossenen Fenstern und Türen leben, was durchaus in Betracht zu ziehen ist bis zur Begnadigung, mit der ich rechne. Warte noch bis zum Herbst, bis ich weiß, wie die Möglichkeiten im Ausland aussehen. Ich bin heute nicht mehr der, der ich in den vierziger Jahren war. Vertraue mir und bedränge mich nicht, vor allem jedoch bitte ich dich, daß du mich nicht verläßt; steh mir bei, damit ich mein Leben mit deiner Hilfe in Ordnung bringen kann. Bis wir uns begegnet sind, funktionierte mein Verdrängungsmechanismus hervorragend. Nun meldet sich manchmal mein Gewissen. Aber laß mich in Ruhe meinen Weg finden. Bis dahin werde ich weiter nach Wiesbaden fahren und diskutieren. Ich hoffe, daß sie irgendwann einsichtig wird und mich gehen läßt.«

Filip steht auf. Er hat es sichtlich eilig, aus dem Restaurant wegzukommen. Mirna kann nur mit Mühe mit ihm Schritt halten. Gegen Abend fahren sie zum Flughafen. Nach der Landung in Bonn fährt Filip mit dem Auto nach Wiesbaden.

Ich tat es auf Weisung

Es wird Abend. Sie liegen im Garten unter den Birken auf französischen Liegen. Mirna beugt sich über Filip: »Denkst du überhaupt noch daran, daß wir heute abend Besuch bekommen? Ich habe Politiker eingeladen, Theaterleute und Wissenschaftler. Meinst du, wir können auf der Terrasse essen?«

Etwas später stehen sie auf, gehen ins Haus. Filip deckt draußen den Tisch, und Mirna macht in der Küche ein einfaches Abendessen, Salat und Gambas. Filip hört, daß sie alte Volkslieder singt. Gegen acht kommen die Gäste. Filip empfängt sie, er trägt Jeans und das schwarze Seidenhemd, das sie in Rom zusammen ausgesucht hatten. Darüber ein elegantes Jackett. Mirna ist überrascht, als sie ihn so sieht. Er lacht: »Ich muß mich der Gelegenheit anpassen. Das habe ich inzwischen schon gelernt, und außerdem möchte ich dir gefallen.«

Spät in der Nacht, als alle gegangen sind, trinken sie noch ein Glas Wein. Filip lacht, und Mirna gähnt. Sie ist müde. Filip ist noch so aufgedreht, daß er ganz gegen seine Gewohnheit im Schlafzimmer über Berufliches redet. Er erzählt von der Sitzung des Sicherheitsausschusses: »Dorn fragte mich nach den Extremisten im öffentlichen Dienst.« Und mit Stolz in der Stimme: »Ich habe ihn abgebürstet.« Mirna meint nachdenklich: »Das war doch eigentlich deine größte Sorge. Immer hast du auf das Problem hingewiesen. Es hat dich so bedrückt, daß du sogar daran dachtest, zurückzutreten. Ich erinnere dich an einen Spaziergang Anfang Mai. Da sagtest du: ›Nacht und Timm wollen sich beim linken Flügel beliebt machen. Nacht hat Kommunisten bei der Eisenbahn eingestellt. Stell dir vor, einen Kommunisten als Lokführer. Das zersetzt alles. Wenn etwas passiert, legt der Mann das ganze Eisenbahnsystem lahm. Daran denkt keiner. Ich versuche zu verhindern, was ich kann, aber das ist schwer.‹ Warum lügst du, Filip?«‹ – »Ich tat es auf Weisung. Damit habe ich meinen Leuten geholfen. Du weißt, daß ich die Regierungslinie zu vertreten habe.« Mirna sagt: »Politik ist ein schmutziges Geschäft.« Filip wütend: »Nun muß ich mir so etwas auch noch im Bett sagen lassen.«

Nach einer verregneten Woche blühen die ersten Glockenblumen im Garten weiß und blau. Auch der Holunder blüht. Die Sonne kommt vorsichtig heraus. Von den Bäumen fallen Regentropfen, wenn der Wind durch sie hindurchweht. Mirna sitzt auf ihrem Bett. Die Fenster zum Kottenforst hin stehen offen. Sie schaut hinauf in den Himmel, hinaus in den Wald. Sie ist traurig. Filip ist wieder in sein anderes Leben entschlüpft. Er befindet sich mit Ehefrau auf Reisen. Mirna wollte nicht wissen, wo er ist. Beim Abschied sagte er: »Nutze die Zeit, bis wir wieder zusammen sind, und schreib auf, was du empfindest.« Seine Holzsandalen hatte er mitten in die Diele gestellt.

Mirna schreibt: »Aufzuwachen und Du bist nicht da. Du bist bei der anderen. Mein brutaler Schmerz ist nicht vermittelbar. Und beim Abschied sagst Du immer, vergiß nicht, daß ich einmal mit dir leben möchte.«

Am Montag abend kommt Filip, braungebrannt. Er trägt eine graue Hose und ein kurzärmliges weißes Hemd. Am Finger der rechten Hand der Ehering, den er vergaß abzunehmen. Er ist offensichtlich bemüht, ein trauriges Gesicht zu machen. Er riecht anders. Mirna begrüßt ihn und spürt, wie sie langsam erstarrt. Sie ist wie gelähmt. Mirna weiß nicht, wieviel Zeit vergangen ist. Filip hat sie stehenlassen und ihr einen Stuhl gebracht. Nun steht er im Schlafanzug vor ihr. Seine Hände wirken unbeholfen und groß und sehen recht verloren aus, wie sie da an seinem Körper herabhängen. Filip legt seinen Arm um Mirna, sagt leise in ihr Ohr: »Es wird alles gut. Das ist nur ein Übergang. Versuch es noch auszuhalten.«

Langsam löst sich Mirnas Starre und die Knoten in ihrer Seele ebenfalls. Sie flüstert: »Du siehst heute so anders aus. Du riechst

neu.« Filip ebenfalls leise: »Deshalb habe ich gebadet.« Mirna
sagt: »Es würde mir helfen, wenn du an solchen Abenden etwas
anziehen würdest, was wir zusammen ausgesucht haben. Das ist
mir vertraut.« Filip nimmt sie in seine Arme, drückt sie fest an
sich: »Gerne, das sind Kleinigkeiten, die uns die Zeit überstehen
helfen können.«

Seine Haut wird dünn

Grau. Regen. Es ist dunkel im Blockhaus. Die Fingerhüte blühen
unter den Tannenbäumen, rote Farbtupfer im Regengrau. Die
Glockenblumen hängen verblüht von den Stengeln herab. Braun
und vom Lehmboden verklebt. Regen und Wind. Amseln spielen
in den Tannenbäumen. Am Haus unterm vorstehenden Dach
füttern Schwalben ihre Jungen im Nest. Freitagabend. Mirna
hört, daß jemand an die Tür pocht. Sie erschrickt. Filip steht
davor, sagt: »Ich mußte dich sehen. Das Wochenende wird mir
sonst zu lang. Inzwischen fallen mir die Abschiede auch schwer.
Am Freitag morgen bin ich am härtesten zu mir.« Mirna fragt:
»Magst du ein Glas Wasser trinken?« Filip nickt: »Aber in einer
Viertelstunde muß ich weg. Manchmal habe ich Sorge, daß du
diese Belastungen nicht mehr lange aushältst.« Mirna erwidert:
»Ich möchte, daß es dir gutgeht, auch dort, wo du jetzt hingehst.«
Sie versucht abzulenken: »Ich möchte mit dir über das reden,
worüber ich gerade nachdenke. Das sind die kritischen Wissen-
schaftler und ihr Kampf mit den Etablierten. Die Einbindung der
Ökologie in die Naturwissenschaft. Über die Jugendstudie von
Richter und Strasser, die sich ausbreitende Gigantomanie, das
Unüberschaubare und über die neuen Werte. Spontanität.
Selbstverwirklichung und nicht mehr nur Leistung und mate-
rielle Werte. Die Studie Jugend und Technik. Kernenergie leh-
nen sie ab. Zur Mikroelektronik sagen sie ja. Zu Mofas und zu
Verstärkern ebenfalls.«

Filip ist interessiert: »Hast du die Jugendstudie da?« Mirna fragt: »Soll ich sie dir holen? Möchtest du sie auf der Fahrt lesen?« Filip findet das eine gute Idee. Deshalb gehen beide über die Treppe hinauf in Mirnas Arbeitszimmer. Sie gibt ihm die Studie, dann bringt sie ihn hinaus zum Auto. Filip dreht die Fensterscheibe herab: »Warte am Wochenende nicht auf einen Anruf. Ich melde mich am Montag wieder.«

Am Montag nachmittag ruft Filip an: »Kannst du mich abholen und ins Blockhaus fahren?« Mirna fragt: »Warum, ist dein Fahrer nicht da?« Filip: »Er ist unterwegs.« Mirna: »Wo?« Filip, gereizt: »In Wiesbaden. Frag nicht weiter.« Mirna möchte es wissen. So sagt Filip genervt: »Ich war mit Wiesbaden am Wochenende in Oslo. Wir haben in meiner Tannenbuscherwohnung übernachtet.« Mirna meint traurig: »Dein anderes Leben setzt mir zu, springt mich an wie ein wildes Tier.«

Mirna fährt gegen Abend zum Ministerium und holt ihn ab. Er denkt: Welche Ringe sie unter den Augen hat. Sie sieht wirklich erschöpft aus. Während der Autofahrt sagt Filip irgendwann: »Wir haben doch darüber gesprochen, daß ich nach Oslo mußte.« Darauf Mirna bestimmt: »Nein. Manchmal denkst du, daß du mir etwas sagst.« – »Das ist deine Version der Dinge. Meine sieht ganz anders aus.« – »Filip, es irritiert mich, daß du weiterhin mit ihr in der Öffentlichkeit auftrittst.« Filip, zornig: »Du wirst Verständnis dafür haben, daß ich auch mal mit ihr ausgehen muß.« – »Nein, um mich wird es einsam, Isolation umgibt mich. Ich fürchte mich, Einladungen anzunehmen und auszugehen, weil die Leute nach dir fragen. Neulich sagte die Frau eines Kollegen zu mir: ›Diese arme, alte Frau. Sie nehmen ihr den Mann weg. Denken Sie doch einmal daran, was sie für ein Leben vor sich hat. Sie wird in einem vornehmen Altersheim alleine sterben.‹ Filip, geh den Weg, den du dir vorgenommen hast. Ich will dich nicht gefährden.«

Filip meint wieder freundlicher: »Wir drehen uns im Kreis, reden nur noch über Probleme und nichts Berufliches mehr.« – »Ich habe überall Zettel mit Notizen über das, was ich dir sagen möchte; du hast viel zu tun, und irgendwie ist immer Wahlstimmung. Es gibt immer Koalitionsverhandlungen, Etatkürzungen im Haushalt, Reden, die du schreiben mußt, Fragestunden im

Bundestag, Kabinettsitzungen und Kabinettvorlagen, Personal-
entscheidungen, politische Krisen, Gorleben, Brokdorf, den Har-
risburg-Bericht. Du bist immer müde und erschöpft, wenn du
spät am Abend kommst. Und nun koche ich dir einen Kamillen-
tee.« – »Das tust du nicht. Bring mir ein Bier, und dann möchte
ich nur noch meinen Kopf anlegen.«
Mirna hält die Reihenfolge bei der Erfüllung seiner Bitten ein.
Filip trinkt eine Flasche nach der anderen. Als er die fünfte
Flasche Bier öffnet, holt sie ihre Gitarre und spielt alte irische
Weisen. Sie nimmt sich vor, ihn noch mehr für das zu sensibilisieren, was für das Ökosystem und die Zukunftssicherung notwendig ist. Wenn sie zusammen arbeiten, geht es ihnen gut. Das ist
ihre Welt, in der nichts anderes Platz hat. Die gemeinsame Arbeit wird Mirnas Korsett werden.

Am nächsten Abend berichtet Mirna Filip, daß sie für den
Rundfunk den Auftrag habe, mit ihm ein Stundengespräch über
Naturschutzpolitik und Zukunftsfragen zu führen. Als Pendant
zu dem Feature ›Schranken der Freiheit‹, das sie kürzlich über
Umweltrecht geschrieben hatte. Filip begreift, daß dies ihre Reaktion auf das gestrige Gespräch ist, sie nun einen Bereich vertie-
fen will, der nur ihnen gehört, nämlich ihre gemeinsame Arbeit
für eine bessere Zukunft. Lachend sagt er: »Hoffentlich ver-
sprichst du dich dann nicht…« – »Sei sicher, daß es mir nicht
schwerfallen wird, höflich zu sein. Ich werde mindestens einmal
Herr Staatsminister zu dir sagen. Ich übe gleich mal: Wenn Sie
mit dem Hubschrauber übers Land fliegen, Herr Staatsminister,
ist Ihnen dabei eigentlich aufgefallen, daß der deutsche Wald
stirbt?« Filip geht auf ihr Spiel ein: »Darauf habe ich nicht geach-
tet. Aus den Berichten des Landwirtschaftsministeriums kenne
ich das Problem des sauren Regens. Ich weiß auch von der Gefährdung der Wälder. Halte sie aber für übertrieben. Doch mit
dem Problem an sich habe ich mich noch nicht auseinanderge-
setzt.«

Zwei Tage später berichtet Filip Mirna, daß er sich schlau gemacht und erkannt habe, daß das Problem des Waldsterbens viel
gravierender sei, als er angenommen habe: »Ich werde einen In-
formationsflug über den Bayerischen Wald machen und bitte
dich, mich zu begleiten.«

Sie hörten dem Westwind zu

Filip sagt, daß er sich auf das vor ihnen liegende Wochenende freue und auf die Sommerpause. Dann wird er mehr Zeit haben. »Wir können morgens länger schlafen, im Garten frühstücken, Spaziergänge machen oder uns zum Essen in der Stadt treffen.« Mirna streichelt über seine Haare, wickelt einige um ihren kleinen Finger. Als Filip erschrickt, ist es bereits zu spät, sie hat sie abgeschnitten. Filip schaut zu, wie Mirna seine Haare in das Medaillon legt, das er ihr geschenkt hatte. Er sagt: »Ich bringe heute abend einen Affen mit.« Darauf Mirna zögernd: »Bitte nicht.« Und Filip: »Du weißt, ich habe die Leute vom Haushaltsausschuß eingeladen, ich bin der Gastgeber.«

Sie sieht ihn mit diesem bestimmten Blick an. Er weiß, daß dann, wenn er zuviel trinkt, Liebesspiele unmöglich sind. Deshalb ringt er sich dazu durch zu sagen: »Ich werde also keinen Affen mitbringen.« Nach dem Frühstück begleitet ihn Mirna zum Gartentor.

Am Abend kommt Filip um zehn. Er hat strahlende Laune. Mirna sieht gerade La Habanera im Fernsehen, in der Zarah Leander die Hauptrolle spielt. Filip erzählt ihr, daß er den Film schon vor vierzig Jahren gesehen hat. Sie schauen ihn zu Ende an, sein Kommentar: »Die Leander gefällt mir, und du siehst ihr ähnlich.«

Am Donnerstag wird Filip wirklich spät kommen, weil er Gäste hat. Mirna trifft sich zum Abendessen mit einem Beamten aus dem Forschungsministerium bei Ria Maternus. Sie braucht Hintergrundinformationen über die Technologiefolgenabschätzungsstudie zur Kohle aus dem Kernforschungszentrum in Karlsruhe. Ria Maternus begrüßt Mirna, küßt sie auf die Wange und fragt: »Wo ist der Staatsminister?« – »Er hat Gäste«, antwortet Mirna. Das Essen schmeckt ihr nicht. Lammrücken, dazu Bohnen aus der Dose. Mirna ärgert sich. Am Nebentisch sitzen der Außenminister und seine Frau. Sie mustern Mirna eingehend. Ria Maternus setzt sich zu ihnen an den Tisch, sie flüstern, und Mirna ist sicher, daß auch über sie und Filip geredet wird.

Um elf bestellt sie ein Taxi und läßt sich nach Hause fahren.

Im Blockhaus ist es dunkel. Filip ist noch nicht da. Sie wartet bis halb eins. Dann geht sie ins Bett und schläft ein. Filip kommt gegen Morgen, legt sich leise neben sie, zieht sie vorsichtig zu sich.

Später. Sie schauen durch die offenstehenden Fenster in den Kottenforst. Sie sehen zu, wie es draußen Tag wird, und hören den Vögeln zu. Sie haben ein langes Wochenende vor sich, das ihnen allein gehört. Sie freuen sich darauf. Der Fahrer holt Filip ab. Mirna fährt in ihr Redaktionsbüro. Sie verläßt es am Nachmittag, geht auf den Bonner Wochenmarkt und kauft Obst, Gemüse und Wild fürs Wochenende. Das macht ihr Spaß. Sie freut sich aufs Kochen und darauf, daß er neben ihr steht, zuschaut und assistiert.

Gegen Abend kommt Filip. Er öffnet das Gartentor. Mirna geht ihm entgegen und spürt sofort, daß etwas passiert ist. Filip sagt: »Sie ist außer sich. Sie hat ihre Schwester eingeladen, weil ich nicht komme. Sie will sie informieren.«

Eine Woche später wird Mirna schreiben:
»Die grauen Wolken hängen tief. Wie könnte es auch anders sein. Manchmal schlagen die Kiefernspitzen zusammen, dann gibt es diesen leisen, klirrenden Ton. Die Vögel zwitschern. Die Äste der Bäume bewegen sich im Wind. Die Maisprossen der Tannen sind dunkel geworden.

Vor einer Woche war auch Sonntag. Der Himmel war blau, wie er blauer nicht sein kann. Filip und ich lagen im Garten unter einem Baum. Wir hörten dem Westwind zu, der gegen Abend durch den Wald streifte. Wir schauten den kleinen weißen Wolken nach und lauschten dem Gesang der Vögel. Filip hatte bis gegen Mittag geschlafen, und ich lag einfach nur neben ihm. Später tranken wir englischen Tee. Dann machten wir einen Spaziergang durch den Wald hinüber nach Pech. Wir gingen den gleichen Weg zurück, vorbei am Jagdschlößchen mit den kleinen Teichen. Filip war entzückt von den wilden Blumen und Gräsern, die am Teichrand wachsen. Am Forsthaus bogen wir in den Feldweg ein.

Wir frühstückten später im Blockhaus auf dem kleinen Holzbalkon. Es kam uns vor, als hätten wir uns ein Haus in die Baumwipfel gebaut. Gegen Mittag nahmen wir die Korbstühle und suchten uns im schattigen Garten einen Platz in der Sonne. Filip studierte seine Aktenlage. Da klingelte das Telefon. Er ging ins Haus. Furcht umschloß wie eine Krake meinen Hals. Kurze Zeit später kam er, verabschiedete sich und fuhr nach Wiesbaden.«

Er wird bewacht, es ist entsetzlich

Mirna hört nichts von Filip. Kein Brief. Kein Telefonanruf. Sie versucht sich in die Arbeit zu vergraben und sich so abzulenken. Im Blockhaus zieht sie sich von der Welt zurück.

In der dritten Woche wacht sie nachts vom Klingeln des Telefons auf. Aber dann ist es wieder still. Vielleicht habe ich nur geträumt, denkt sie. Sie macht Licht, schaut auf die Uhr, halb zwei. Die Katze kommt auf ihr Bett und putzt sich. Dann klingelt das Telefon erneut, und Filip ist am Apparat: »Ich denke viel an dich, aber ich konnte mich nicht melden. Ich werde bewacht. Wenn der erste Pulverdampf vorbei ist, finden wir hoffentlich eine Möglichkeit, uns zu sehen.«

Mirna fragt: »Wie fühlst du dich?«

»Frag mich nicht. Ich funktioniere. Nach außen hin ist alles normal, aber ich bin wie tot. Nachts betrinke ich mich. Ich hoffe, daß ich aus dieser Situation bald wieder herauskomme.«

»Es gibt immer einen Weg, hast du einmal gesagt.«

»Nur wir beide sind uns über die Methoden nicht einig.«

»Aber wir könnten versuchen, darüber zu reden. Diese Art Leben kann ich nicht aushalten.«

»Mirna, die Kraft, die wir brauchen, wird uns unsere Liebe geben.« Seine Stimme verändert sich: »Ich muß Schluß machen. Ich bekomme lieben Besuch aus Wiesbaden.« Dann macht es Klick.

Am nächsten Tag ruft Filip am frühen Nachmittag in der Redaktion an: »Ich möchte dich sofort sehen. Es gibt zwei Möglichkeiten. Wir treffen uns im Bundeshaus und essen zusammen, oder ich komme ins Blockhaus, das wäre mir das liebste.«

Mirna läßt im Büro alles liegen, verabschiedet sich von ihren Mitarbeitern, die sie überrascht ansehen. Im Blockhaus wartet sie auf Filip am Gartentor. Er umarmt sie flüchtig. Mit einer Stimme, die um Nachsicht bittet, sagt er: »Ich kann fünfundvierzig Minuten bleiben. Ich brauche deine Nähe, laß uns die Zeit nicht mit Reden vertun.«

Er geht ins Schlafzimmer, zieht sich aus, nimmt aus seiner Jakkettasche ein schwarzes Telefon, zieht die Antenne heraus: »Den Piepser lege ich neben das Bett. Ich muß erreichbar sein.« Mirna bewegt sich wie eine Marionette. Sie zieht sich aus, legt sich zu ihm.

Auf diese Weise leben sie die nächsten Wochen. Filip bleibt nie länger als eineinhalb Stunden. Gerade verabschiedet er sich wieder einmal. Mirna nimmt seine beiden Hände in ihre, drückt sie, schaut ihn an, sagt zögernd: »Ich verstehe, daß du dich nach mir sehnst, aber ich zerbreche daran. Unsere Beziehung reduziert auf Sex?«

»Sag das nicht. Ich muß deine Nähe spüren. Ich brauche sie. Sonst stehe ich das nicht durch. Wiesbaden bewacht mich, es ist entsetzlich.«

»Ich fürchte, daß der Tag kommt, an dem du dich gegen uns entscheiden wirst.«

»Ich werde bis zum Äußersten alles versuchen, damit mir nichts passiert, das mußt du verstehen. Ich denke, in einem halben Jahr sieht es besser aus. Es könnte auch ein Jahr sein. Aber in sechs Monaten werden wir mehr wissen. Wir können dann das Weitere in die Wege leiten.«

»Ich verstehe nicht, was du damit andeuten möchtest.«

»Ich habe angefangen, sie schlecht zu behandeln.«

»Sie wird niemals ihr Einverständnis geben.«

»Es wird nicht einfach, das ist klar, aber ich muß auch das Allerletzte versuchen, damit sie freiwillig geht und ich meine Pension erhalte. In meinem Alter ganz von vorne anzufangen ist schwierig.«

»Aber ich bin jung. Ich arbeite und verdiene so viel, daß ich eine Familie damit ernähren kann.«

»Ich möchte zuerst alles versuchen. Das braucht Zeit. Ich liebe dich, denke daran. Das andere sind nur Dinge, die von außen kommen. Die müssen wir aushalten. Das dauert seine Zeit.«

»Hat sich zwischen uns etwas verändert, seit du wegmußtest?«

»Nein. Im Gegenteil. Ich liebe dich noch mehr und vermisse dich. Laß uns in der Zwischenzeit, bis wir wieder zusammen sein können, die Stunden, die uns bleiben, richtig nutzen.« Mirna antwortet nicht.

Ihre Stimme erstickt an den Tränen, die sie sich zu weinen verboten hat.

Sag der Katze, daß Eingesperrtsein nicht ewig dauern kann

Mirna ist, als würde sie unter Beton gezogen. Sie leidet unter einer tiefen Depression. Filip merkt, was mit ihr passiert ist, und schlägt ihr vor, nach Pompeiana zu fahren. Von dort aus schreibt sie ihm: »Manchmal denke ich an Dich, und manchmal ist manchmal oft. Peter erzählt der Katze, daß die Amseln italienisch sprechen. Er zeigt ihr auch die Fische im Bach. Es ist warm. Der Wind fühlt sich weich an. Zikaden locken. Vielleicht ist es das Licht, was mich hier am meisten fasziniert.«

Filip antwortet: »Die Gedanken an den anderen füllen die Zeit. Nicht, daß ich etwa nicht arbeiten würde, aber es gibt Knotenpunkte, wo die Gedanken abschweifen, bis ich mich wieder zur Ordnung rufe. Hier ist Spätsommer. Menschen mit Urlaubsstimmung, die das politische Sommertief und noch einiges mehr verdrängen. Es ist auch im September noch Zeit nachzudenken. Machen wir uns keine Sorgen. Wer lebt, hat sowieso immer recht.

Du bist bei schönem Wetter weggefahren und hast es mitgenommen. So ist das Wetter wie meine Stimmung, neblig-trüb. Gewisse Rückerinnerungen waren Licht bei viel Schatten. Aber es war Erinnerungslicht und kein wärmendes Gegenwartsfeuer. Trotzdem eine Brücke zwischen Realität und Traum.

Die allgemeine Situation hier im Lande ist sehr differenziert. Einerseits findet das Sommerloch statt. Andererseits wird gerüstet für die Koalitionsschlacht im Herbst. Bei den Alternativen braut sich einiges zusammen. Gegenwärtig ist die Lage allerdings nicht beunruhigend, nur aufgeregtes Feldgeschrei der politischen Stallwachen.«

Mirna schreibt an Filip: »Du erlaubtest mir, ein wenig in Dich hineinzuschauen. Deine Zeilen sind wie der Wind, der gerade zum Fenster hereinstreicht. Du hast mich neugierig gemacht. Was braut sich bei den Alternativen zusammen? Die Vorbereitungen auf die Koalitionsschlacht. Das hört sich negativ an.«

Filip antwortet: »Was Deine Fragen nach dem Herbst angeht, so ist er schon vor der Zeit politisch heiß geworden. Ich hatte erst im Herbst mit dem Theaterdonner gerechnet. Aber er ist schon da. Mir ist das ganz lieb, weil ich hier als Stallwache darauf reagieren kann. Bei mir konkretisiert es sich, daß ich erst meinen Schreibtisch verlassen kann, wenn im Kabinett alles gelaufen ist. Das wird Anfang September sein. Dazu werde ich derzeit heftig bedrängt. Das bedeutet, daß wir uns nicht sehen. Ich finde das nicht gut, aber es ist nicht vermeidbar, so wie die Dinge stehen.

Meine Gedanken sind noch öfter bei Dir. Ich lese Deine Briefe und ersehe daraus die Unveränderlichkeit Deiner Haltung. Grüß die Kinder und sag der Katze, daß Eingesperrtsein nicht ewig dauern kann.«

Und Mirna schreibt: »Ich bin traurig, weil ich nichts tun kann. Ich fühle Deinen Schmerz und die Zerrissenheit, die sich in Dir ausbreitet. Und höre Dich sagen: Es gibt immer noch einen Weg. Das Leben hat Dich stark gemacht. Die mit Dir verbrachte Zeit gewinnt an Glanz. Ich trage sie in mir. Ich habe der Katze gesagt, daß Eingesperrtsein nicht ewig dauern kann.«

Filip antwortet: »Nun geht es bald auf Mitternacht zu, ich sitze im Büro und denke an Dich. Nicht, daß ich den ganzen Tag so dasitze, aber es gibt immer Augenblicke, in denen die Gedanken wandern dürfen, vornehmlich nach Italien. Um mich mach Dir keine besonderen Sorgen. Die Maschine arbeitet, und das ist schon etwas. Gefühle sind in Gedanken verpackt, und die sind nicht im Ministerium. Bleibt der arbeitende Mensch, der hier im Mittelpunkt steht, und da steht er schon ziemlich lange und hinreichend allein.

Die Tage vergehen langsam. Nach außen hin fließt alles im Gleichmaß, und das übrige geht die Mitwelt nichts an. Meine Gedanken sind oft in Pompeiana. Ich habe vor Augen, wie Du Dich dort bewegst.«

Mirna schreibt Filip: »Heute habe ich erstmals eine Nacht durchgeschlafen. Weißt Du eigentlich, wie lang Nächte sein können? Nun sitze ich auf einem Liegestuhl am Meer. Leichter Wind kommt auf, die Brandung wird stärker. Vielleicht interessiert es Dich, daß neben mir die Sachverständigenanhörung zum Emissionsschutzbericht liegt; mal sehen, was Du da Kluges gesagt hast.

Die gewisse Tristesse, mit der Du auf das Jahresende schaust, stimmt auch mich traurig. Diese Zeit wird vorbeigehn, und ich bin neugierig auf die kommende Zeit. Der Wind ist stärker geworden. Ich schicke Dir einige Sonnenstrahlen über die Berge und küsse die Rostflecken auf Deinen Händen.«

»Ich bin wieder unterwegs«, schreibt Filip. »Diesmal in Osnabrück; man muß Bonn tatsächlich einmal verlassen, um Probleme vor Ort kennenzulernen. Rein gefühlsmäßig hat aber der Bürger die Grenzen des Wachstums noch nicht verstanden.

Ich richte es so ein, daß ich auch alte Freunde treffe und mit ihnen rede. Dabei ist mein Ziel, eingängig zu machen, daß bei mir nicht in jedem Fall alles perfekt ist. – Na ja, Du verstehst schon. Meistens erhalte ich Zustimmung, wenn auch keine stürmische.

Wir sind nun schon eine Weile auseinandergerissen worden. Gleichwohl fühle ich keine Entfremdung. Dein Bild trage ich immer bei mir in meinem kleinen Kalender.«

»Trägst Du wieder Grau, von den Haaren bis zu den Schuhen?« fragt Mirna in ihrem nächsten Brief. »Grau ist Deine Lieblingsfarbe.

Heute nacht habe ich von uns geträumt. Wir zogen um, und ich bestand auf einem großen Heuwagen. Du lachtest, aber Du machtest mit. Unterwegs begegnete uns ein Abgeordneter und fragte, was das solle. Darauf sagtest Du: ›Seit drei Tagen sind wir verheiratet, und wie Sie sehen, ziehen wir um.‹«

Filip schreibt auf einer Karte Samtpfotengrüße. Danach

kommt ein Eilbrief: »Du ahnst sicher, daß ich den Urlaub wieder in Südfrankreich verbringe. Ich muß Dich sprechen und sehen. Ich habe vor einigen Tagen die Recherche bekommen. Du weißt schon. Ich habe mir etwas ausgedacht. Du würdest das freundlich eine Geschichte nennen. Frage nie danach. Ich werde versuchen, mich eineinhalb oder zwei Tage abzuseilen. Ich möchte Dich dann in der Provence treffen. Ich stelle mir vor, daß Du in Aix im Fürstenzimmer unseres Hotels auf mich wartest. Ich kann nicht genau sagen, wann ich komme, aber ich werde kommen. Ich schicke Dir zuvor ein Telegramm aus Frankreich. Ich muß Dich dann bitten, im schlimmsten Fall etwas auf mich zu warten. Aber Aix wird Dir Möglichkeiten bieten, die Zeit sinnvoll zu gestalten.«

Mirna fährt nach Aix-en-Provence. Der Weizen steht dunkelgelb und reif in der Sonne. Lavendelfelder leuchten in ihrem sattesten Blau. Sie fährt durch Platanenalleen. An Bergen, Klöstern und Schlössern vorbei. Ihr gefallen die weißen Dörfer, die wie hingeklatscht an den Berghängen liegen. An einem Abend in der zweiten Septemberwoche kommt sie in Aix an.

Mirna wartet auf Filip. Manchmal sieht man sie durch die Stadt schlendern, zu einem der kleinen Straßencafés auf dem Les deux Sarrons. Springbrunnen. Tauben. Platanen, die die Straßen mit ihrem Laubdach überspannen. Mirna hat immer eine Zeitung unterm Arm und ein kleines Notizbuch in der Hand. Sie trinkt schwarzen Kaffee, sitzt da, liest oder schreibt. So entdeckt sie Filip. Er steht vor ihr, ganz in Weiß. Nur der Pulli ist hellgrau, der lose über seinen Schultern hängt. Sie sitzen an einem der kleinen Tische vor dem Restaurant Deux Garauns.

Über ihnen die vielfältig verschlungenen Äste der Platanen. Mirna zwinkert Filip zu und bemüht sich, ihrer Stimme einen ernsthaften Ton zu verleihen: »Mach uns ein Bett in den Platanenwipfeln.« Filip lacht. »Dabei ist mir kein bißchen zum Lachen zumute«, sagt er. »Ich will ein neues Leben beginnen, und ich möchte dich bitten, mir dabei zu helfen. Ich kann so nicht mehr weiterleben. Laß uns aufstehen und durch die Stadt gehen. Da redet es sich leichter.«

Hand in Hand gehen sie langsam über den Boulevard de la

République. Mirna sagt nichts. Sie wartet. Dann spricht Filip sehr leise: »Die Recherche, die ich machen ließ. Es gibt nur ein Land, das mich nicht ausliefern würde. Kannst du dir vorstellen, mit mir in den Tropen zu leben?« Filip redet schnell weiter, er drückt kurz ihre Hand. »Kannst du dir vorstellen, alles für mich aufzugeben? Deinen Sohn und deine Tochter. Deine Karriere. Deine Freunde. Dein Land? Du müßtest alles verlassen, was du liebst und was dir wichtig ist. Kannst du dir vorstellen, in einem politisch unruhigen Land zu leben? Ohne soziale Sicherheit? Eine andere Kultur und Sprache. Menschen, die ganz anders aussehen als wir. Du hättest nichts. Nur mich.

Ich will heute keine Antwort von dir, die du später vielleicht bereust. Nimm dir viel Zeit, um alles zu Ende durchzudenken. Du bist gewöhnt, daß wir Geld haben. Du verdienst hier gut und ich ebenfalls. In dem anderen Land hätten wir praktisch nichts. Ich werde Wiesbaden das ganze Vermögen lassen. Ich will die Wohnung in Tannenbusch verkaufen, die bringt aber nicht viel. Es würde nur für den Übergang reichen.«

Mirna antwortet leise: »Ich werde alles zu Ende durchdenken und mich prüfen, ob ich Deutschland verlassen und alles aufgeben kann.« Sie geht still und in Gedanken versunken neben ihm her. Sie fragt sich, ob sie das schaffen und durchhalten könnte und ob ihr Gefühl diesen Belastungen standhalten würde. Sie denkt an die Verantwortung, die sie ihm gegenüber übernommen hat, und daran, daß er sich auf sie verläßt. Sie fühlt sich verpflichtet, ihn in dieser Situation nicht allein zu lassen, da er ohne sie wahrscheinlich nicht die Kraft besitzt, sein Leben in Ordnung zu bringen.

In ihre Überlegungen hinein hört sie Filip sagen: »Ich möchte frei sein. Aber die bürgerliche Ehre bedeutet mir viel, ebenso das Renommee meines Amtes.«

Sie verbrachten zwei Tage in der Provence. Früh am Morgen standen sie auf und fuhren im Auto durchs Land. Sie waren auf dem Mont Ventoux, in Fontaine-de-Vaucluse, sahen sich Gordes an und erlebten den Sonnenuntergang in Roussillon. Sie machten ausgedehnte Spaziergänge im Montagne de Luberon, und Filip zeigte Mirna, wo er mit ihr am liebsten leben wollte. Am

Ende ihrer Zeit fahren sie auf der Landstraße nach Marseille. Filip muß in sein altes Leben zurück. Mirna stellt keine Fragen.

Nach dem Sommer findet sie im Blockhaus auf ihrem Schreibtisch ein Blatt Papier, auf das Filip geschrieben hatte: »Ich kenne nun jeden Zentimeter, in dem Du Dich bewegst. Meine Gedanken sind bei Dir und umgeben Dich mit Wärme.« Von nun an liegt jeden Mittwoch- und Samstagmorgen vor der Tür des Blockhauses ein Blumenstrauß. Im ersten steckt ein kleines Kuvert und in ihm ein Zettel: »Dort, wo ich jetzt bin, kann ich Dir nicht schreiben. Deshalb schicke ich Dir Blumensträuße. Denk an mich.«

Hoffnung

September. Filip kommt weiter heimlich ins Blockhaus und hat immer seinen Piepser bei sich. Er bleibt nie lang. Mirna weiß nun besser, damit umzugehen. Heute haben sie sich im Wirtshaus Sankt Michael in Bad Godesberg zum Mittagessen verabredet. Filip kommt mit einem Taxi. Nach dem Essen bittet Filip Mirna, einen Rechtsanwalt anzurufen. Er hat einen Namen ausgesucht, gibt ihr Adresse und Telefonnummer. Knapp sagt er: »Schildere ihm, was du weißt. Mach es vorsichtig. Sei diskret und frage ihn, was ich zu erwarten habe.« Dann wechselt er das Thema. Mirna begreift, daß er nicht weiter darüber sprechen will.

Am nächsten Tag ruft sie in der Anwaltspraxis an. Sie erhält einen Telefontermin in der darauffolgenden Woche. Sie weiß nun, daß sich Filip von einer Kapazität mit internationalem Renommee einen Rat erhofft. Nach dem Gespräch mit dem Anwalt bittet Filip Mirna ins Restaurant des Bundeshauses; sie berichtet von dem Telefonat: »Der Anwalt rät dir dringend, keinen Tag mehr zu zögern und dich aus Gewissensgründen zu stellen. Du sollst das nicht selbst tun, der Anwalt würde das für dich bei der zuständigen Generalstaatsanwaltschaft erledigen. Außerdem schlägt er vor, daß du dich bei ihm anonym telefonisch meldest und er mit dir die Frage des Sich-selbst-Stellens klärt.« Nun schweigt sie, weil sie nicht die Kraft hat, ihm alles andere mitzuteilen. Sie weiß nicht, wie sie es weitergeben soll, ohne Filip zu verletzen. Aber die Sätze des Anwalts sind ihr noch gegenwärtig: »Wenn er Mut hat, stellt er sich. Das gehört zur Bewältigung. Ich habe die moralische Vorstellung, daß er durch ein gnädiges Schicksal seine Schuld sühnen kann, indem er sich freiwillig stellt. Ich vermute nur, daß er nichts tun wird. Er hat bisher geschwiegen und wird weiter schweigen. Ich prognostiziere auch, daß er seine Frau nicht verlassen wird. Bei einem so lange verheirateten Paar sollte man die in Jahren gewachsenen Bindungen nicht unterschätzen. Es ist absolut unverständlich, was das Zögern bringt. Entweder er hat ein Gewissen, oder er hat keins und denkt an sein Ruhegehalt. Wenn er so weitermacht, ruiniert er sein Leben und seine Gesundheit. Ich verstehe nicht, weshalb er darauf besteht, daß es Mord war. Aufgabe des Anwalts ist es zu klären, wie die Chancen stehen. Damals gab es besondere Umstände. Sein jugendliches Alter. Sie sagten, er ist eine unangefochtene Person mit gutem Namen? Dann sollte er wirklich den Mut haben, mit mir zu sprechen.«

Im Restaurant des Bundeshauses beschließt Filip, selbst mit dem Anwalt zu reden: »Kann ich mich mit deinem Familiennamen melden?« Was Filip mit dem Anwalt besprochen hat, sagt er Mirna nicht, und sie fragt nicht.

Ende Oktober ruft der Anwalt Mirna im AFR-Studio an: »Ich habe eine aufregende Entdeckung gemacht und eine sensationelle Nachricht. Holen Sie ihn aus jeder Sitzung heraus. Sagen Sie ihm, der Mord ist wahrscheinlich verjährt. Bitte notieren Sie sich, was ich Ihnen nun sagen werde. Er ist Jurist und soll deshalb die korrekten gesetzlichen Angaben übermittelt bekommen.« Und dann diktiert der Anwalt: »Verjährung durch Strafrechtsänderung. Artikel 2 des Gesetzes sagt, daß Taten, die 1979 verjährt sind, es auch bleiben. So steht es in allen Kommentaren. Die Verjährung kann jedoch unterbrochen werden, wenn es gegen ihn ein Ermittlungsverfahren gegeben hat. Die Fundstelle für dieses Gesetz ist das Strafrechtsänderungsgesetz vom 16. Juli

1979, im Bundesgesetzblatt Jahrgang 1979, Teil I, S. 1046. Verbrechen nach § 220a ›Völkermord‹ und nach § 211 ›Mord‹ verjähren allerdings nicht. Soweit die Verfolgung verjährt, beträgt die Verjährungsfrist dreißig Jahre bei Taten, die mit lebenslanger Freiheitsstrafe bedroht sind.«

Der Anwalt macht eine kurze Pause, wenig später teilt er Mirna mit, daß er ihr die entsprechenden Passagen der zentralen Punkte von Gesetz und Kommentar zuschicken wird. Der Anwalt bittet, beides mit ihm zu studieren. Sagen Sie ihm: »Nach dreißig Jahren ist die Tat verjährt und bleibt es. Das Problem ist entschärft. Beamtenrechte werden nicht angegriffen. Das entsprechende Disziplinarrecht greift nicht. Er soll seinen Ruhestand antreten, er wird dann die Pension bekommen.«

Mirna holt Filip aus einer Sitzung des Zukunftsausschusses heraus und teilt ihm mit, daß die Tat verjährt ist. Filip reagiert verhalten, er will den Anwalt anrufen. Mirna stützt ihren Kopf in beide Hände, sie läßt Tränen zu und fragt sich zum wiederholten Male, ob ihr Filip die Wahrheit sagte.

Der Wind heult um das Hohe Haus

»Dies ist eine traurige Zeit«, schreibt Mirna. »Der Kummer um Dich. Deine Stimme am Telefon klang nicht gut. Die langen Pausen, während Du sprachst. Deine so abgehackten Worte. War die Leitung schlecht, oder hatte sich Schmerz auf Deine Stimme gelegt?« Sie läßt das Blatt auf ihrem Schreibtisch liegen. Ein paar Tage später liegt ein Zettel daneben: »Hab Mut.« Filip war also kurz da. Wann? Sie weiß es nicht. Ein anderes Mal liegt auf ihrem Kopfkissen ein Blatt aus seinem Notizblock: »Geht es Dir a) gut, b) erträglich, c) nicht gut? Ich war bei dem Ginkgobaum, den ich im Frühjahr gepflanzt habe. Seine Blätter sind noch grün. Ich lege Dir eins auf Dein Kopfkissen. Meine Liebe ist wie ein Ginkgoblatt. Sieh es Dir genau an und denk an die Wildgänse.«

Damit spielte Filip auf ihre Arbeit an. Er wußte, daß sie ein Gespräch mit Konrad Lorenz vorbereitete. Sie können sich einige Wochen nicht sehen. Filip war zu unvorsichtig gewesen. Nun rächten sich die Stunden, die sie beim Abendessen in und außerhalb der Stadt verbracht hatten. »Wiesbaden schöpfte Verdacht. Sie hat die Daumenschrauben wieder fester angezogen«, bemerkt Filip bitter.

In diesen Wochen telefonieren sie viel. Sie sprechen nie über Persönliches, sondern hauptsächlich über seine Arbeit. Filip kann hin und wieder kurze Besuche im Blockhaus machen. Sie weiß nie, wann er kommt. Manchmal ist sie da; wenn nicht, so sieht sie an seinen hingeschriebenen Nachrichten und Grüßen, daß er dagewesen ist.

An den Wochenenden arbeitet sich Mirna intensiver in zukünftige globale Probleme ein, ebenso in Naturschutzpolitik, in Themen wie das Ozonloch oder die Gefährdung des Regenwaldes, was sie besonders interessiert. Filip läßt ihr das Material stapelweise in die Redaktion schicken. In langen Telefongesprächen diskutiert er mit Mirna alle politischen Tagesfragen. Ihr Rat ist ihm wichtig. Sie hat sich einen zweiten Telefonanschluß legen lassen mit einer geheimen Nummer. Filip hat darum gebeten, damit Kontrollanrufe, mit wem er solange telefoniere, ins Nichts führen. Er kann erst nach zweiundzwanzig Uhr und nur aus seinem Büro anrufen. Daraus schließt Mirna, daß seine Ehefrau die Woche über in der Tannenbuscher Wohnung ist.

Weihnachten und Silvester gingen vorüber, ohne daß sie sich sahen. Mirna sitzt an ihrem Schreibsekretär im Arbeitszimmer und schaut in den verschneiten Wald. Die Zeit vor Sonnenuntergang. Schon der zweite Monat im neuen Jahr, denkt sie, und die Rahmenbedingungen unserer Beziehung sind auf dem Nullpunkt angelangt. In den vergangenen Monaten habe ich Filip zehneinviertel Stunden gesehen. Er sprach immer von einer so großen Liebe, und was wurde daraus? Sie reduzierte sich auf eine Stundenbeziehung, heimlich und verborgen vor der Welt. Acht Monate leben wir nun auf diese Weise. Fremdbestimmt. Keine Möglichkeit der Selbstgestaltung. Ich warte darauf, daß Filip etwas in seinem Leben verändert. Aber er tut nichts, obwohl er es versprach.

Das sind Augenblicke, in denen ihr schlimme Zweifel kommen. Sie gesteht sich ein, daß sich ihr Traum nicht erfüllt hat,
denn der Mensch Filip, den sie zu entdecken glaubte und meinte
lieben zu können, erlaubt sich nur selten Gefühle. Sein Machtstreben und alles, was damit zusammenhängt, stehen trennend
zwischen ihnen. Die Leiche im Keller läßt Mirnas Zuneigung
gefrieren. Was bleibt, ist ihr Gefühl von Verantwortung für ihn
und die Verpflichtung, ihm beizustehen bei dem Versuch, sein
Leben in Ordnung zu bringen.

Draußen im Wald bizarr aussehende Bäume. Auf den Zweigen
und den Windseiten der Baumstämme liegt Schnee. Im Winter
kommt mehr Licht ins Blockhaus. Draußen hüpft ein Eichelhäher von Ast zu Ast. Stille. Nichts unterbricht ihre Gedanken. Gestern sein Hinweis auf die Möglichkeit eines Koalitionsbruches
und dann die Hoffnung, daß sich dadurch die Dinge in Wiesbaden schneller lösen werden.

In dieser Nacht kommt Filip kurz nach ein Uhr für eine
Stunde. »Ich bin verrückt nach dir«, sagt er, und sie spielt die
Geliebte. Er ist hingerissen. Nun hat sie endlich Spaß am Sex,
denkt er. Mirna holt eine Flasche Wein. Er zieht sich schnell an.
Obwohl ihn ein Blick auf die Uhr zögern läßt, setzt er sich in
seinen Lieblingssessel in die Bibliothek. Mirna gießt Wein in
Gläser und setzt sich zu ihm. Sie streichelt über seine Stirn und
seine Hände: »Filip. Ich brauche eine kleine Zeit für mich ohne
Telefonanrufe und Kurzbesuche.«
    »Du kannst mich jetzt nicht allein lassen.«
    »Das mache ich nicht. Ich erwarte jeden Tag, daß du in Skiur-
laub fährst.«
    »Ich verstehe, du willst die Trennung selbst bestimmen.«
    »So ist es. Wir können uns schreiben.«
    »Wie lange soll das sein?«
    »Bis zu unserem Tag im März.«
    Er schaut auf die Uhr: halb drei. Sie begleitet ihn zur Tür.

Ein paar Tage später fährt Filip tatsächlich zum Skilaufen, er
schreibt: »Morgen verlasse ich Bonn. Ich sitze gegen Mitternacht noch in meinem Büro und lasse die Woche Revue passie-

ren. Das Kanzlervotum ist glücklich gelaufen und hat die Probleme verdeckt. – Nun gibt es ein Problem, das die Welt nicht erschüttert, das aber nicht verdrängt wurde. Es ist mir und sicher auch Dir gegenwärtig. In den vergangenen Tagen war ich sicher hundertmal nahe daran, Dich anzurufen. Ich widerstand, um Dir nicht noch größeren Schmerz zuzufügen. Und manchmal, wenn mein eigener Schmerz zu groß wurde, wollte ich mich in ein Auto setzen und zu Dir fahren. Aber dann habe ich gedacht, daß Nähe auf Zeit und danach wieder Trennung für Dich sicherlich nicht gut sind. Wir brauchen beide einen gewissen Abstand zu Montagnacht. Vielleicht werden wir später einmal wissen, ob sie uns weitergebracht hat. Was nach der Stille kommt, ist unser Tag im März. Vielleicht geht es Dir dann besser. Mitternacht ist nun vorbei. Der Wind heult um das Hohe Haus. Streichle die Katze von mir.«

Aus dem Skiurlaub schickt Filip ein vierblättriges Kleeblatt: »Ich habe Zeit zum Nachdenken, habe Wünsche und Sehnsüchte, doch die Realität zeigt, wieviel noch aufzuarbeiten ist. Was bleibt, ist die Zerrissenheit zwischen Wunsch und Wirklichkeit.«

An ihrem Tag im März treffen sie sich zum Abendessen im Mövenpick, im Bonner Wissenschaftszentrum. »Wie alt sind wir heute?« fragt Filip, dann begrüßt er sie mit einer zärtlichen Umarmung. Mirna lächelt leise. Filip sitzt ihr braungebrannt gegenüber. Er ist schmaler geworden. Seine Augen sehen müde aus. Später am Abend sagt ihm Mirna, daß sie sich um Peter in nächster Zeit intensiver kümmern muß. »Er hat Probleme. Ich habe das so richtig erst in den vergangenen Wochen gemerkt. Vor eigenem Kummer sah ich nicht, wie mein Sohn leidet. Er wünscht sich, daß ich Zeit für ihn habe und wir über Ostern nach Pompeiana fahren. Ich habe ihm zwei Wochen versprochen.« – »Du fährst. Darüber müssen wir nicht diskutieren«, sagt Filip. Die wenigen Wochen bis zu ihrer Abreise vergehen wie die davor. Arbeit, Telefonate und hin und wieder eine Stunde, die sie im Blockhaus verbringen.

Filip schreibt Mirna aus Bonn nach Pompeiana: »Die Stadt ist ziemlich leer, wenn Du nicht da bist. Ich meine das im Sinne der Ausfüllung emotionaler Defizite. Ansonsten brodelt die Hexenküche der Gerüchte. Regierungsumbildung. Und nun auch noch der Tarifstreit, der in die Schlichtung geht. Sie sitzen bereits seit einer Woche zusammen und suchen den Ausweg aus dem Dilemma. Es ist nicht auszuschließen, daß über einem Arbeitskampf die Regierung noch einen Schubs ins Negative erhält. Die Parallelen zum Mai 1974 sind erkennbar geworden.

Heute war ich im Blockhaus, und als ich davorstand und deine Rostlaube vor dem Gartentor stehen sah, hüpfte mir für einen Augenblick das Herz. Bis mein Verstand ihm klarmachte, daß der Wagen der nicht etwa dastand, weil Du zurückgekommen bist, denn Du bist ja mit dem Zug gefahren.

Im Häuschen war es noch kühl, obwohl in Bonn der Frühling seinen Einzug hält. Ich sehe es vom Auto aus, wenn ich einen Termin außerhalb des Ministeriums wahrnehme. Ich habe gesehen, daß die Magnolienbäume anfangen zu blühen. Das war es, was ich Dir vor allem schreiben wollte. Ansonsten habe ich die Tage mit Arbeit vollgepackt. Das hilft. Meine Gedanken sind bei Dir, und ich trage in mir ein Bild, wie Du in Pompeiana aussiehst.«

Der Anfang vom Ende der Welt

»Anbei Kopie des Bereisungsplans«, schreibt Filip im Juni an Mirna. »Die Nachtveranstaltungen können wir uns gegebenenfalls schenken. Zur Marscherleichterung Socken, die so gut wie schwarz aussehen. Ich freue mich. Noch eine Woche, und dann fliegen wir am Mittwoch um 14 Uhr 55 wie besprochen ab Hangelar. Dein Reiseführer Filip.«

Sie fliegen mit einem Bundeswehrhubschrauber. Filips Platz ist am Fenster, damit er hinunterschauen kann aufs Land und keine Flugangst bekommt. Er setzt die Kopfhörer auf. Mirna

lacht: »Mit denen siehst du aus wie ein Osterhase.« Die sie be-
gleitenden Beamten machen ernsthafte Gesichter und flüstern:
»Sie untergräbt seine Autorität.« Filip dreht sich kurz um, mustert die Herren, sagt lachend: »Machen Sie sich darum keine
Sorgen: Ich bin doch kein Denkmal.« Die Beamten wirken erschrocken und fühlen sich ertappt: »Jawohl, Herr Staatsminister«, sagen sie und schauen kurz darauf geflissentlich in ihre
Akten. Die Rotoren laufen, der Hubschrauber hebt ab. Sie fliegen
in niedriger Höhe in den Bayerischen Wald. Filip genießt solche
Reisen. Für Mirna sind sie eher eine Strapaze.

Nach dem Start konferieren die Herren. Danach arbeitet Filip
die mitgebrachten Akten durch. Mirna schließt die Augen. So
kann sie die Übelkeit leichter ertragen. Morgen abend werden sie
zurückfliegen. Heute abend hat sie Filip zum Abendessen eingeladen. Irgendwo außerhalb ist ein schönes Restaurant. Aber am
Abend wollen Landespolitiker Filip sprechen, und er bringt es
nicht fertig, nein zu sagen. So gehen sie alle zusammen essen.
Gegen Mitternacht verabschiedet sich Mirna. Sie zieht sich ge-
kränkt in ihr Hotelzimmer zurück und liest im Waldschadensbe-
richt des Landwirtschaftsministeriums. Filip klopft gegen zwei
Uhr an ihre Tür. Mirna öffnet nicht.

Der nächste Tag. Sie fliegen mit Forstexperten über den Bayerischen Wald. Sie werden auf besonders vom sauren Regen be-
troffene Waldstücke aufmerksam gemacht. Im Herbst wird Filip
an Mirna schreiben: »Im Bayerischen Wald haben wir den Anfang vom Ende der Welt gesehen.« Nun gehen sie über eine
Waldlichtung. Sonnenlicht bricht sich in den Zweigen. Spinnen
haben ihre Netze gespannt. Vögel zwitschern. Ein Specht klopft.
Bienen summen. Filip macht Mirna auf große Ameisenhaufen
aufmerksam. Sie stapfen durch hohes Gras und dann in ein Fich-
tenwaldstück hinein. Hier ragen bizarre Gebilde in den Himmel,
die einmal Fichten gewesen sind. Sie haben weder Kronen noch
grüne Nadeln. Die Bäume sehen graubraun aus und vertrocknet.
Ihre Stämme bluten, Harz fließt aus den Rinden.

»Die Bäume sterben«, sagt Mirna zu Filip. Und er: »Die Schäden der Vegetation sind vernichtend.« Ein Experte fügt hinzu:
»Die Krankheit bedroht in Ostbayern den Bestand der Weißtanne. Schauen Sie dort hinüber. Ganz allmählich verlieren die

Fichten ihre Nadeln. Sie werden gelblichgrau. Das Harz tropft aus den Stämmen. Es verklebt die Rinden. Erst seit zwei Jahren ist die Erkrankung der Fichte bekannt. Es scheint uns sicher, daß nicht die verschiedenen Trockenperioden der vergangenen Jahre das Baumsterben verursacht haben. Nach biologischen Untersuchungen trägt die Luftverschmutzung die Hauptschuld. Seit einem Jahr tritt die Krankheit in einigen Forstgebieten des Bayerischen Waldes sehr heftig auf.« Filip nickt. Er antwortet: »Das Schwefeldioxid spielt wohl die wesentliche Rolle beim modernen Waldfrevel. Allerdings ist es mittlerweile nicht mehr einfach, den Zusammenhang zwischen industriellen Abgasen und Waldsterben zu belegen. Früher waren die Waldschäden in der Umgebung etwa einer Erzhütte direkt wahrzunehmen. Heute treten die Krankheiten weit entfernt auf. Durch die neuen hohen Schornsteine der Industrie werden die Schadstoffe großräumig verteilt.«

Die Experten führen sie nun zu einer Meßstation. In einer Lichtung stehen hohe Gefäße, die wie schlanke blaue Mülltonnen aussehen. Außerdem sind feine Leichtmetallrohre in den Waldboden hineingesteckt. Als Meßstation dient eine kleine Blockhütte mit einem schrägen Dach. Im Inneren sieht sie aus wie ein Labor. Hier wird der Stoffeintrag gemessen. Denn durch Stoffhaushaltsuntersuchungen läßt sich exakt bestimmen, welche chemischen Elemente und Verbindungen über die Luft in einen Wald hineingetragen werden und welche Stoffe das Ökosystem in Richtung Grundwasser verlassen. Deshalb haben auch manche Bäume Kunststoffmanschetten um ihre Stämme. Hier werden die Niederschläge aufgefangen und in Meßbehälter geleitet. Das Wasser, das den Wurzelraum der Bäume verläßt, wird mit keramischen Platten abgefangen und mit Unterdruck in Glasflaschen in der Meßhütte gesammelt.

Die Forstexperten erläutern, daß Stämme, aus denen Harz fließt, ideale Brutstätten für Borkenkäfer sind und die Schädlinge große Rindenpartien vernichten, bis schließlich die Baumkronen vertrocknen und die Nadeln abfallen. Filip sagt: »Und dann ist der Baum tot.« Am späten Nachmittag fliegen sie zurück nach Bonn.

Mauern aus Stacheldraht und Beton

Anfang August muß Filip nach Lüchow-Dannenberg und Gorleben. Er bittet Mirna, ihn zu begleiten. Sie sitzen im Fond des Wagens. Nach dem Kamener Kreuz Drachenflieger in der Luft. Kornfelder. Schleswig-holsteinische Weite. Bauernhäuser mit herabgezogenen Dächern. Am Steuer der Fahrer; er hat versprochen zu schweigen. Filip hat seine Hand auf ihre gelegt. Kein privates Wort ist möglich. Deshalb sprechen sie über das Gorleben-Hearing:

»Es ist klar, daß Kernenergie eine Entsorgung braucht. Darüber sind sich alle einig«, sagt Filip.

Und Mirna fügt hinzu: »Ob dazu aber auch die Wiederaufarbeitung gehört, wird heftig diskutiert. Bei dem Hearing der Landesregierung in Hannover jedenfalls schien sie im Pro und Contra der Fachleute umstritten. Klar scheint auch noch nicht zu sein, wie die Risiken bei der Wiederaufarbeitung zu bewerten sind.«

»Das Prinzip ist wohl ausgereift, die Schwierigkeiten liegen noch im technischen Detail, etwa bei Materialproblemen, wenn große Mengen an Brennstoff in heißer Salpetersäure aufgelöst werden.«

»So bleibt zu fragen, ob unser Wissen den Bau eines großtechnischen Entsorgungszentrums erlaubt?«

Filip überlegt eine Weile, dann sagt er: »Deshalb fahre ich nach Lüchow-Dannenberg und Gorleben. Ich will mir selber ein Bild machen.«

Mirna erwidert: »Die niedersächsische Landesregierung hat meines Wissens im Mai 1979 die sicherheitstechnische Machbarkeit eines nuklearen Entsorgungszentrums mit Wiederaufarbeitung in Gorleben bejaht. Dennoch empfahlen die Niedersachsen der Bundesregierung, das Teilprojekt der Wiederaufarbeitung vorläufig nicht weiter zu verfolgen.«

»Aber die Bundesregierung konstatierte, daß alternative Entsorgungstechnologien, wie zum Beispiel die Endlagerung abgebrannter Brennelemente ohne Wiederaufarbeitung, künftig Gegenstand von Untersuchungen sein sollen. Sie bestätigte jedoch gleichzeitig das bisherige Entsorgungskonzept als sicherheitstechnisch machbar.«

»Ich weiß, Filip. Schließlich hatten diesen Beschluß die Regierungschefs von Bund und Ländern am 28. September 1979 gefaßt und in einem Programm zur Entsorgung der Kernkraftwerke niedergelegt. Ich habe oft genug darüber geschrieben und möchte nun nicht jeden der neun Punkte zitieren.«

»Dabei ist dir sicherlich nicht der dritte Punkt entgangen, der wichtigste. Hier heißt es: Damit die notwendige Zwischenlagerung bestrahlter Brennelemente auf einen möglichst kurzen Zeitraum begrenzt wird, muß darauf hingewirkt werden, daß eine Wiederaufarbeitungsanlage so zügig errichtet werden kann, wie dies möglich ist.«

Der Fahrer verläßt hinter Hannover die Autobahn und fährt über die Landstraße nach Lüchow-Dannenberg. Sie sehen ein überfahrenes Tier. In den Gärten blühen Stockrosen, zu denen Mirna Bauernrosen sagt. Die Fahrt durch die Lüneburger Heide. Kiefernwälder, Schafherden. Die Bauernhöfe stehen wie zusammengeduckt da. Filip telefoniert übers Autotelefon mit seinem Büro. »In Bonn gibt es viel Ärger wegen der Etatverhandlungen«, sagt er zu Mirna. »Wenn das so weitergeht, zerbricht die Koalition über dem Haushalt.«

Noch fünfzehn Kilometer bis Dannenberg. Mirna sieht einen Storch und macht Filip darauf aufmerksam. Später im Ort entdecken sie auf einem alten Fabrikschornstein das Storchennest. Sie übernachten im Hotel zur Post. Am nächsten Morgen fahren sie nach Gorleben. Sie stehen vor einer befestigten Anlage. Mauern. Dazwischen Gräben, die mit Stacheldraht ausgefüllt sind. Danach wieder hohe Mauern und Stacheldrahtbarrieren, überall Wachtürme, Fernsehaugen und Polizisten mit Schnellschußfeuerwaffen. Eine bedrückende Atmosphäre. Filip begleitet ein Ingenieur vom Planungsstab. Er verweist darauf, daß die Prüfung der Sicherheitstechnik das größte Problem der nächsten Jahre sei. Und Filip fragt: »Denken Sie bei dem, was Sie tun, an den Schutz der Natur, und binden Sie Aspekte von Naturschutz und Landschaftspflege mit in Ihr Sicherheitskonzept ein?«

Der Sicherheitsingenieur nickt. Mirna stößt Filip an, und der erfaßt, daß Mirna ihm auf diese Weise vermitteln will, daß der Ingenieur keine Ahnung davon hat. Deshalb holt Filip weit aus: »Wir haben kürzlich ein Ministerialblatt veröffentlicht, das so bald wie möglich der Öffentlichkeit zugänglich gemacht werden wird. Wir wollen künftig bei unseren Arbeiten mehr Transparenz zeigen. Auf diese Weise hoffen wir, die Bürgerängste abzubauen. Den Katalog der nuklearspezifischen Sicherheitskriterien haben wir durch ökologische Schutzmaßnahmen ergänzt.«

Der Sicherheitsingenieur nickt. Filip interessiert sich für die Sicherheitsmaßnahmen gegen Erdbeben, Hochwasser und Flugzeugabsturz. Sie werden ihm gezeigt. Meterdicke Betonwände. Stahlabdeckungen. Gorleben ist eine riesige Baustelle, die wie eine Befestigungsanlage wirkt. Weil Filip einen Gesamteindruck haben möchte, läßt er sich im Hubschrauber über Gorleben fliegen. Mirna begleitet ihn nicht.

Am Nachmittag schafft es Filip, seinen Fahrer loszuwerden. Er sitzt nun selbst am Steuer. Sie fahren hinaus nach Brese in der Marsch. Filip erzählt Mirna von der Elbe, dem Damm und dem Hochwasser. Manchmal ein Bauernhof, erdfarben, wie aus der Landschaft herausgewachsen. Filip fährt durch ein kleines Dorf. Links und rechts von der Straße tragen die Bauernhöfe reetgedeckte Dächer. Es gibt runde Holzstöße und grüne Bogenscheunentore, auf denen bedeutungsvolle Sprüche stehen.

Am Ende des Dorfes ein altes Schulhaus, von Efeu eingewachsen. Im Fenster steht ein weißes Karussellpferd. Filip parkt das Auto in der Nähe, und wenig später schlendern beide Arm in Arm die Dorfstraße entlang. Filip hat den Arm um Mirna gelegt und erzählt, daß dies früher ein Runddorf war, das vor hundertfünfzig Jahren abbrannte und wieder neu aufgebaut wurde. Er zeigt über die Straße hinüber zu einem Bauernhof und liest Mirna vor, was dort steht: »Gott gibt wieder, was wir in den heißen Flammen so schleunigst eingebüßt. Erfülle dies Begehren, wenn solches Dein Erkennen unserer Wohlfahrt dienlich ist. Erquicke uns mit Trost und Rat, die jetzt Dein Zorn betrübet.«

Die beiden spazieren nun unter einer Lindenallee in die Abendsonne hinein. Sie gehen den gleichen Weg zurück. Dann fährt Filip hinaus zum Deich, zur Dammnitzerbrücke. Sie sehen Schwänen zu, die auf einer Wiese spazierengehen. Abendstimmung. Vor ihnen eine alte Eisenbahnbrücke, die sich in riesigen Bogen über die Felder spannt. Uelzen. Filip sagt: »Die alte Eisenbahnlinie ist heute ein Biotop.« Er weist hinüber: »Drüben ist Gömnitz. Die Grenze. Das ist schon DDR.«

Dann fahren sie weiter am Elbkanal entlang. Noch ein Kilometer bis Kaltenhof. Sie schauen den Reihern zu. Mirna macht Filip auf Vogelnester aufmerksam, die in Weidenzweigen hängen, und fragt ihn, ob sie in der Elbe schwimmen kann. »Nein«, sagt Filip, »hier gibt es fünfundzwanzig Tonnen Quecksilber im Jahr.« Während sie weiterfahren, berichtet Filip Mirna über den neuesten Stand des Wasserabfallgesetzes. Kurz vor Sonnenuntergang sitzt die Sonne wie eine Scheibe überm Wald. Ein Reh rennt auf die Straße. Noch bevor die Sonne untergeht, treffen sie auf dem Marktplatz in Lüchow-Dannenberg ein. Dort wartet der Fahrer auf sie. Schweigend fahren sie zurück nach Bonn, aber ihre Hände haben sie ineinander gelegt.

Die Wende

Er kam über Mittag. Den Wagen hatte er auf dem Parkplatz im Wald gegenüber dem Reitstall abgestellt. Er ging auf dem Waldweg zum Haus, links der Kottenforst, rechts eine große Wiese, auf der ein altes Gewächshaus steht. Das Gelände war ehemals eine Gärtnerei. Pferde grasen dort mit ihren Fohlen. Morgen würde er Bonn verlassen. Der übliche Sommerurlaub. Mirna hatte bereits Ferien. Ihr Sohn war in London und die Tochter in Madrid. Sie blieb im Blockhaus. »Ich kann nicht allein in Urlaub fahren«, sagte sie. »Ich muß in der vertrauten Umgebung bleiben.« Filip war das recht, denn dann konnte er sich in Gedanken vorstellen, wo sie war und wie sie sich bewegte. Er hätte sie lieber gegen Abend besucht. Sie hatte das abgelehnt, gleichbleibend freundlich sagt sie geduldig immer dieselben Worte. Ich kann und will diese Eineinhalbstundenbeziehung nicht mehr leben.

Er denkt, dabei hätte es heute sein können, daß ich vielleicht eine Stunde mehr – aber wer weiß? Diese dauernden Kontrollanrufe und überraschenden Besuche. Ich muß etwas ändern und eine Möglichkeit finden, auf Mirna einzugehen. Ich brauche ihre Nähe und die Gespräche mit ihr. Filip steht vor dem Garten. Was er sieht, erinnert ihn an die Bilder aus dem Film ›Sommergäste‹.

Mirna sitzt an einem Tisch unter der großen Eiche. Sie trägt ein helles, langes Kleid und auf dem Kopf einen breitkrempigen Strohhut. Die Wiese um sie herum ist ein Meer von Wildblumen: roter Mohn, Margeriten, Malven und Kornblumen. An einem Sonnentag im August, wie er strahlender und schöner nicht sein kann, muß er Abschied nehmen von ihr.

Aus dem Kornfeld vor dem Garten ist ein Stoppelacker geworden seit Filip Bergs letztem Besuch. Die abgeernteten Felder kommen ihm herbstlich vor. Aber noch ist Sommer. Mirna schaut auf, sieht ihn und geht ihm entgegen. Sie bemüht sich, freundlich zu sein, und verbirgt, wie traurig sie ist. Sie hat sich vorgenommen, die kurze Zeit mit ihm schön zu gestalten. »Laß uns einen Spaziergang durchs Dorf machen und im Garten vom Landhaus zu Mittag essen«, schlägt sie vor. Dann packt sie die Korrekturabzüge zusammen, gibt sie ihm: »Hier hast du die Fahnen deines Buches. Ich habe sie flüchtig durchgesehen. Es wäre mir lieb, wenn du die kommenden Wochen nutzen würdest, sie gründlich zu lesen. Ich bin etwas verunsichert, weil du nicht dazu kamst, dir anzuschauen, wie ich das Buchmanuskript redigiert habe.«

»Ich vertraue dir grenzenlos.«

»Das kannst du, aber das Buch ist dein Buch. Deshalb kann Vertrauen hier nicht alles sein.«

Mirna schlingt sich einen breiten Gürtel um die Taille. Ihr Kleid ist nun ein Stück kürzer und straßenfähig. Wenig später gehen sie durchs Dorf. Im Landhaus setzen sie sich an einen schattigen Tisch in den Garten. Mirna kämpft gegen ihre Traurigkeit an, sie will nicht an später denken. Sie faßt in ihre Tasche, holt ein Buch heraus. Den neuen Jonathan Schell. »Das ist für dich«, erklärt sie, »ich möchte dir ein paar Stellen daraus vorlesen, andere, die mir wichtig sind, habe ich dir angestrichen.«

Filip sieht sie nachdenklich an. Wie sehr sie sich verändert hat, denkt er. Vor einem Jahr noch hätte sie geweint. »Verzeih. Ich habe dir nicht zugehört, war mit meinen Gedanken ganz woanders. Ich möchte aber nicht mit dir über das Buch reden. Ich lese es und schreibe dir dann. Erzähl mir von dir.«

»Filip. Das wäre nur traurig, glaube mir. Nimm mir das Korsett nicht weg. Ich meine unsere Arbeit. Die Naturschutzpolitik, laß uns darüber reden, oder erzähl mir von dir.«

»Ich sehne mich nach dir.«

»Kann ich dir schreiben?«

»Wenn du postlagernd schreiben würdest, könnte es gehen. Einfach nur: Hauptpostamt Starnberg.«

Am 20. August 1982 schreibt Filip an Mirna: »Heute sitze ich im Regen am Starnbergersee. Das macht nichts, denn die Kabinettunterlagen sind gekommen mit den Hintergrundpapieren, die es aufzuarbeiten gilt. Hier denke ich viel intensiver an Dich. Dazu habe ich Zeit. Unser letztes Gespräch im Landhaus hat mich bewegt. Ich bin noch nicht frei von der Besorgnis, die Du hattest, daß unser Ökosystem zusammenbrechen könnte. Es bedarf immer eines Anstoßes, um das volle Ausmaß zu realisieren. Du hast mich auf das Sterben der Bäume aufmerksam gemacht und den sauren Regen. Wir waren zusammen im Bayerischen Wald. Dort war der Anfang vom Ende der Welt zu sehen. Nicht mit einem Paukenschlag, sondern schleichend. Du und ich, wir haben beide zu Ende gedacht. Jetzt müssen wir prüfen, ob wir unser Wissen preisgeben dürfen oder ob wir den Mund halten müssen, weil eine Rettung an materiellen Interessen scheitern wird. Dies ist eine Frage, die wir vor dem Pressetermin in München beantworten müssen. Im übrigen fühle ich bei meinen Gedanken keinen Abstand von Bonn, in keiner Weise. Ich weiß, daß mein Körper hier ist. Alles andere ist dort, wo Du bist.«

Mirna schreibt ihm: »Es wird Herbst am Kottenforst. Nebel am Morgen. Am Nachmittag laufe ich im Garten mit dem Korbsessel der Sonne nach. Unter der Eiche ist der letzte sonnige Platz, bevor sie hinter dem Kottenforst verschwindet. Es muß gut überlegt werden, zu welchem Zeitpunkt Du mit Deinen Erkenntnissen an die Öffentlichkeit gehst, nicht zu früh und nicht zu spät. Du hast mich gelehrt, daß alles seine Zeit hat, viel Geduld braucht und vor allem Kompromisse. Aber wie willst Du das wirtschaftliche Interesse überwinden? Du hast da viel Erfahrung. Interessant auch, wie sich Friedens- und Zukunfts- und Naturschutzdiskussion ineinander verschieben.«

Filip antwortet: »Ich werde also noch nichts sagen, sondern auf den geeigneten Zeitpunkt warten. Wir können dann in Ruhe über das Thema diskutieren. Der See, vor einigen Tagen noch aufgewühlt, liegt schwer wie Blei in der Nachmittagssonne. Der Blick lenkt ab vom Ärger mit Bonn, der wieder ins Haus steht. Kaum bin ich weg, wird an den bekannten Schrauben gedreht.

Vielleicht ist es doch an der Zeit, daß sich in der Politik etwas ändert. Nur noch der Kampf aller gegen alle. Die verbale Bewegung ohne jeden Fortschritt muß dem Staatsbürger auf die Nerven gehen. Aber auch von da hört man nichts als Ansprüche ohne gleichzeitiges Leistungsangebot. Wohin man auch schaut, ist keine radikale Besserung in Sicht.

Das betrifft jedoch nicht den privaten Bereich, den es wiederzuentdecken gilt. – Die Menschen in den Staaten des Ostblocks kapseln sich in ihm ein, mit Erfolg. Das gilt auch für uns. Wir haben eine Insel, die wir hüten. Dabei sehen wir oft das, was wir nicht haben: Zeit füreinander. Aber glückliches Erleben in der verbleibenden Zeit zählt viel, jedenfalls für mich.«

Mirna schreibt: »Sonntag. Die Kirchenglocken läuten. Vogelgezwitscher. Die Wacholderbeeren hängen dunkelviolett und überreif an den Büschen. Du verwöhnst mich mit Blumensträußen. Ich bedanke mich dafür.«

Und Filip: »Heute schreibe ich Dir mit roter Tinte, denn Rot ist die Farbe der Liebe. Die heutigen Telefonate brachten wieder Ärger mit Bonn. Mein Chef möchte mehr Propagandaanträge haben fürs Kabinett, und ich bin mehr für Durchsetzbarkeit. Wir schieden mal wieder nicht als Freunde.

Ich lese nun die Druckfahnen des Ökologiebuches, die Du redigiert hast. Du hast es gut gemacht. Es ist die reine Freude, es zu lesen, und mir ist, als säßest Du zu meinen Füßen und schmiegtest Dich an mich. Meine Gedanken sind oft bei Dir. Gerade fiel mir ein nebensächliches Detail ein. Ob wohl die Gardinenstange immer noch festsitzt? Vielleicht schmunzelst Du bei dieser Frage, doch diese kleinen Dinge gehören für mich dazu, zum Dabeisein und zum Zuhausesein.

Die Wolken hängen hier ganz niedrig. Sie sind dunkel und heben sich wenig vom grauen Wasser ab. Ich habe mich noch immer nicht daran gewöhnt, an das gemäßigte Klima in unserem Land mit dem vorwiegend feuchten Wetter. Ich freue mich auf die Zeit, in der wir in der Wärme leben werden.«

Mirna antwortet: »Gestern lag unter der betreffenden Stelle, nach der Du gefragt hast, eine Schraube, dennoch, die Vorhangstange hängt noch. Der Himmel ist hier auch reichlich verhangen. Manchmal nur wagt sich die Sonne heraus. Heute habe ich einen Steinpilz abgeschnitten im Garten, und Fliegenpilze gibt es massenweise. Sie sind so schön, daß viele Spaziergänger am Zaun stehenbleiben und in den Garten hineinschauen.«

Filip schreibt: »Wer genau beobachtet, sieht jetzt, wie einige in Weltuntergangsstimmung das eigene Fell zu retten versuchen, aber du kennst die Szene voller Opportunisten. Du würdest mit Deiner Geradheit und Aufrichtigkeit jeden Tag in der politischen Welt leiden müssen. Ich bin ein paar Hiebe mehr gewohnt und erwarte kaum Wunder mehr im Beruf. Dafür habe ich im privaten Bereich einen solchen Menschen gefunden, der die von mir bewunderten, aber selbst nicht immer praktizierten Eigenschaften hat. Ich bin glücklich, daß ich das erfahren habe.«

»Die Einsamkeit im Blockhaus erschlägt mich fast. Nur die Katze und ich. Nachts erlaube ich mir Wachträume von einem besseren Leben in der Provence, in dem ich mich mit Dir ins Private zurückziehen kann. Aber nicht ganz, wir werden dann viel zusammen schreiben.«

Filip antwortet: »Die Gedanken kreisen immer um denselben Punkt, und mit Verdrängung hilft es diesmal nichts. Es ist gut zu wissen, daß es Dich gibt, und zu wissen, daß ich Dich liebe. Das beruhigt enorm. Nun komme ich noch einmal zur Post und dann wohl nicht mehr. Das wechselnde Wetter hält an. Es regnet, meine Gedanken gehen ins Blockhaus, wo es so heimelig ist, wenn draußen der Regen rauscht.

Mit der Arbeit am Buch ist es mühsam. Ich formuliere schon mal, wie ich das nenne, im Untergrund Sätze für das Kapitel über den Regenwald. Ich möchte das weitgehend nur skizzieren und erst im Schlußwort auf die neue Linie gehen.

Von meinem Büro werde ich über die hausinterne Bewegung

des Ministeriums informiert. Die Liste der Leute, die gehen müssen, und diejenige über die Leute, die etwas werden wollen, ist schon wieder fertig. Aber außer bei der Zukunft verharrt alles in starkem Aktivismus. Zeichen, die ich schon mehrfach erlebt habe. 1972 und 1976 und in Berlin. Mal sehen, wann sie kommt, die Wende. Ich selbst beteilige mich auf keinen Fall an den Spielereien, und ich hoffe sehr, daß dies in Deinem Sinne ist.«

»Filip, Du hast schon zu einem sehr frühen Zeitpunkt über die Wende nachgedacht und versucht, sie in Diskussionen einsichtig zu machen. Das war zu einem Zeitpunkt, als es den Begriff der Wende noch gar nicht gab, und unsere Beziehung wäre fast darüber zerbrochen. Du bist einer der Architekten der Wende, auch wenn Du heute vielleicht nicht mehr gern daran erinnert wirst. Wahrscheinlich ist es völlig nebensächlich, ob Du Dich heute noch daran beteiligst. So wie ich die Dinge nach meinen Informationen beurteile, kommt die Wende. Sie ist nicht mehr aufzuhalten. Ich bin oft traurig, daß das politische Tagesgeschehen auch mein persönliches Leben so tangiert.

Schade, daß Du den Garten ums Blockhaus nicht sehen kannst. Seit gestern gibt es wieder neue Fliegenpilze. Sie sehen mit ihren roten Kappen, den weißen Punkten und den Manschetten um ihre Stengel wie lustige Gartenzwerge aus.«

In den ersten Septembertagen reden die gut informierten Kreise in Bonn von Neuwahlen. Das Ende der sozialliberalen Regierungskoalition scheint zum Greifen nahe. Am 9. September spricht der Bundeskanzler im Deutschen Bundestag zur Lage der Nation, und Filip schreibt an Mirna: »Es ist Herbst geworden. Heute morgen lag dicker Nebel über der Landschaft, der sich erst gegen Mittag lichtete. Der Geruch von Rauch, mit Obst und Gemüse vermengt, hängt über den Feldern. Man stellt dabei eine Menge von Vergleichen an, über den eigenen Altersstand zum Beispiel. Aber ehe ich so richtig trübsinnig werde, wende ich mich lieber praktischen Dingen zu. Wie oft ich in diesen Tagen an Dich gedacht habe, vermag ich nicht zu zählen. Weil es Dich gibt, habe ich auch genügend Kraft. Meine Gedanken sind oft da, wo auch ich sein möchte. Es hilft mir, daß ich gelernt habe, Körper, Geist und Seele zu trennen.

In Bonn wird die politische Auseinandersetzung langsam ungemütlich. Aber so ist es eben bei den Vernunftsehen, die auseinanderstreben. – War die Bemerkung etwa zu bissig? Das Wetter ist jetzt ruhig geworden, der See auch, sonst nichts.«

Seine Bilder vom irdischen Glück

Filip kommt rechtzeitig zur Wende vom Starnbergersee zurück. Am 17. September trifft die SPD-Fraktion zu einer Sondersitzung zusammen. Der Kanzler erläutert, warum er nicht mehr mit der FDP zusammenbleiben kann. Am Nachmittag findet die erste Sitzung des Minderheitskabinetts statt. Filip ist dabei. In diesem Kreis hat er das Image eines konservativen Politikers, der versucht, seinen Minister zu bremsen.

Der Kanzler unterrichtet das Kabinett, daß die zahlreichen heimlichen Kontakte zwischen Bäuerlein und Schwarz seine Entscheidung wesentlich beeinflußt haben. Die Möglichkeit einer Neuwahl bezeichnet der Kanzler als realistisch. Drei Tage später wird erstmals November oder Anfang Dezember als Datum für Neuwahlen genannt. Filip gelingt es hin und wieder, Mirna zwischen Nacht und Morgengrauen zu besuchen. Filip sagt, daß er nach der Neuwahl nicht mehr im Amt bleiben werde: »In dem Trubel wird es gar nicht auffallen, wenn ich gehe, du wirst sehen. Im Frühling sind wir zusammen. Wenn ich nicht mehr Staatsminister bin, ist es einfacher. Wiesbaden wird einsehen, daß meine Hülle allein nicht attraktiv ist. Sie wird mich freilassen. Ich bin ganz sicher. Außerdem habe ich dann mehr Zeit und Kraft, ihr meine Ziele eingängig zu machen. Ich werde Tage und Nächte mit ihr durchdiskutieren. Das geht dann, weil ich nicht mehr ins Ministerium muß.«

Am 28. September stimmt die Mehrheit der FDP-Fraktion für ein konstruktives Mißtrauensvotum und die Wahl zum Bundeskanzler. Drei Tage später hält der Bundeskanzler seine Abschiedsrede. Schwarz wird zum sechsten Bundeskanzler der Republik gewählt. Der Mann, mit dem Filip die ersten Gespräche über die Wende führte, wird parlamentarischer Staatssekretär. Mirna hört wenig von Filip. Er hat keine Zeit mehr für Privates. Koalitionsverhandlungen und Vorbereitung der Regierungserklärung sind nur zwei Punkte von vielen. Filip schickt ihr in die Redaktion Unterlagen seiner Arbeit, damit sie an der weiterhin teilhaben kann. Er schreibt kleine Zettelchen wie diesen: »Ich habe versprochen, Dir so schnell wie möglich die Rohfassungen der unabgestimmten Kabinettsunterlagen zur Großfeuerungsanlagenverordnung der TA Luft sowie die Antwort auf die Gorleben-Anfrage zuzusenden. Ich schicke dir diese vorab. Sie werden in Ressortgesprächen noch verändert werden, wenn auch nicht wesentlich. Stets: Filip.«

Ende Oktober, an einem Freitagabend, ruft Filip Mirna an und bittet sie, um zweiundzwanzig Uhr ins Ministerium zu kommen: »Wenn die Luft rein ist. Ich habe dich zu lange nicht mehr gesehen.« Mirna möchte spontan nein sagen, verschluckt das Wort jedoch, weil sie ahnt, daß er keine andere Möglichkeit hat, sie zu sehen. Filip hat sie darüber unterrichtet, daß er seit einiger Zeit Anzeichen zu sehen glaube, daß Wiesbaden einen Detektiv auf ihn angesetzt hat.

Filip steht am Eingang des Ministeriums und wartet auf sie. Sie fahren zusammen im Aufzug. Sein Büro liegt im obersten Stockwerk. Der Blick von seinem Schreibtisch über das nächtliche Bonn und die Lichterschlangen auf der Stadtautobahn. Sechs schwarze Aktenkoffer stehen gepackt neben dem Schreibtisch.

»Mein Fahrer kommt etwa in einer Stunde«, sagt er und fügt hinzu: »Eine Stunde ist besser als nichts.« Filip trägt einen dunkelblauen Nadelstreifenanzug und sieht offiziell aus. Mirna wirkt leicht distanziert. Es ist ihr, als ersticke sie an der ministeriellen Büroatmosphäre.

»Du brauchst nicht so verkrampft zu sein. Ich habe alle nach Hause geschickt. Es kommt niemand.« Filip umarmt sie, aber es gelingt ihm nicht, ihre Distanz zu durchbrechen. Da geht er zu seinem Schreibtisch, öffnet mit dem Schlüssel ein Fach und bringt

Mirna mehrere große braune Kuverts, gibt sie ihr. Sie wendet einen Briefumschlag nach dem anderen, alle sind amtlich versiegelt, überall steht »Privat« und »Nur von mir zu öffnen« und Filips Unterschrift.

»Was ist das?«

»Deine Briefe, die du mir über die Jahre hinweg geschrieben hast, bewahr sie gut auf.«

»Warum gibst du sie mir zurück?«

»Ich räume meinen Schreibtisch auf.«

»Willst du zurücktreten?«

»Ich kann noch nicht gehen. Ich will nicht in die linke Ecke gedrückt werden.«

»Aber du hattest eigentlich vor zu gehen?«

»Das stimmt, aber nun lasse ich den neuen Minister entscheiden. Ich möchte in der Regierung bleiben, und ich muß. Es gibt so vieles neu zu gestalten und anderes abzustimmen. Wenn am 6. März 1983 Bundestagsneuwahlen stattfinden, dann trete ich zurück. Ich möchte außerdem die Winterabende nicht in Wiesbaden verbringen«, sagt er mit einem Anflug von Zärtlichkeit. Und: »Fast hätte ich das Buch vergessen, das muß auch noch fertig werden. Außerdem bin ich davon überzeugt, daß sich im nächsten Jahr die Dinge in Wiesbaden leichter lösen lassen.« Mirna nickt. Filip weiter: »Ich möchte bei dir keinen Kriegsschauplatz haben.«

Filip setzt sich in seinen Schreibtischsessel, stützt seine Ellenbogen auf die Schreibtischplatte und den Kopf in seine Hände. Das Telefon klingelt. Es ist der Fahrer. Filip sagt ihm, daß es spät würde, deshalb werde er selbst nach Wiesbaden fahren. Er fährt gegen Mitternacht. Mirna hilft ihm die Aktenkoffer tragen.

Der Herbst geht vorbei. Die Nächte werden kälter, die Tage kürzer. Am Morgen liegt Rauhreif auf der Wiese im Garten. Filip flüchtet sich in die Arbeit, läßt sich von Terminen zuschütten. Er wird krank. Die Ärzte sagen: »Haarscharf an einem Zuckerschock vorbei.« Zu allen anderen Belastungen nun auch noch das Leben nach Broteinheiten. Die Trennung von Mirna belastet Filip. Er braucht ihre Nähe und vermißt die Gespräche mit ihr.

An einem Spätnachmittag im November ruft er sie an: »Ich komme gleich vorbei und möchte, daß du aus dem Fenster schaust.« Eine halbe Stunde später fährt er in einer grauen Charleston-Ente vor. Die Überraschung ist ihm vollkommen geglückt. Filip bleibt nur einige Minuten. »Wenn die Sicherheitslage stimmt und ich alles abgesichert habe, dann komme ich. Das kann Mitternacht werden oder später. Um sechs muß ich nach Tannenbusch zurück, weil um halb sieben der erste Kontrollanruf aus Wiesbaden kommt.«

Nach Mitternacht: Er steht vor der Tür, einen Schal um den Hals, in seinen Haaren die ersten Schneeflocken. Er umarmt sie, sagt: »Ich trage dich ins Bett.«

»Das wirst du nicht tun.«

Er küßt ihre Hände, streichelt über ihr Haar und ihre Stirn. »So, wie du den Kopf gerade hältst und mich anschaust, das sind Bilder, die ich in mir trage. Es sind meine Träume vom irdischen Glück.«

»Du weißt nicht, wie es ist, wenn es in mir weint«, sagt sie leise. Und er: »Wir sind fast durch den Fluß geschwommen. Wir haben nur noch eine kleine Zeit der Trennung vor uns. Und nun nutzen wir unsere Zeit, indem wir sie gestalten.«

Filip hilft Mirna beim Aufstehen. Er ist erstaunt, daß in der Bibliothek ein kleiner Tisch gedeckt ist. Kerzen brennen. Er freut sich über die leise Musik. Ein Bolero. Sie überrascht ihn mit einer Gemüsesuppe.

Vor einem großen Wettkampf?

1983 hat begonnen. Filip kommt einmal in der Woche nach Mitternacht und bleibt bis sechs Uhr morgens. Es ist ihnen, als hätten sie Tag und Nacht in sechs Stunden gepackt. Mirna steht morgens leise auf, kocht Kaffee, bringt ihm eine Tasse ans Bett, setzt sich zu ihm. Dann steht er auf, zieht sich an und fährt.

In einer Nacht sagt Filip: »Ich muß mit Wiesbaden und Freunden in Skiurlaub fahren.«

»Das kannst du nicht tun.«

»Aber sie zwingt mich.«

»Schlaft ihr in getrennten Zimmern?«

»Nein«, schreit er. »Mach es mir nicht noch schwerer, oder ich gehe für immer nach Tannenbusch.«

»Du gehst nicht. Du haust immer ab, wenn dir etwas nicht paßt.« Sie hält ihn an der Haustür zurück und schlägt mit beiden Fäusten auf seinen Rücken. Filip hält Mirna fest. Sie windet sich, aber er ist stärker. Sie hat keine Chance. »Laß mich los, ich schlage nicht mehr.«

Er läßt ihre Hände los. Sie dreht sich zur Treppe, reißt das Holzgeländer aus der Wand, dabei schreit sie: »Der Schmerz macht mich rasend. Dein anderes Leben. Ich halte das einfach nicht mehr aus.«

Filip legt seinen Arm um sie, zieht ihren Kopf an seine Schulter. Hält sie, dann sagt er kaum hörbar:

»Ich verstehe dich. Ich weiß, was im Affekt passieren kann.«

Dann kommen seine wie kleine Notizzettel zusammengefalteten Briefe. Da ahnt Mirna, daß seine Frau immer bei ihm ist. Wahrscheinlich tut er so, als schreibe er sich Notizen auf. Sie liest: »Die Zeit vergeht langsam, im stetigen Gleichklang sozusagen. Ich komme mir manchmal vor, bildhaft gesprochen, wie ein Sportler vor einem großen Wettkampf. Da muß man die Sportgeräte prüfen, den Zeitplan überdenken und die ersten Lockerungsübungen machen. Danach kommen die Phase des Warmlaufens und der Wettkampf selbst, der dann gut vorbereitet ist. Im Moment bin ich zwischen Vorbereitung und Warmlaufen, wiederum bildlich gesprochen. Dabei denke ich intensiv über die nächste Phase nach. Den Start in den Wettkampf selbst. Gedanklich habe ich ihn vorbereitet. Die von außen vorgegebenen Alternativen abgewogen.

Natürlich denke ich im Blick auf die spätere Phase an Dich und wie dies alles zu bewerkstelligen ist. Ich wünsche Dir von Herzen alles Liebe und ein bißchen Gelassenheit, so schwer das auch alles für Dich sein mag. Doch bist Du im Blockhaus, das so voller Erinnerung ist und von dem ich mir eine allerdings zeitlich begrenzte Zukunft erhoffe – bis zur Wärme in der Provence, die wir so brauchen. Aber noch schleppen wir die Probleme mit uns herum, wo wir auch sind. Bis auch sie verschwinden. Es gilt auch für Dich, Kräfte zu sammeln. Dabei hoffe ich, daß die wenigen Zeilen Dir etwas weiterhelfen. In Gedanken bin ich bei Dir. Grüße die Kinder, streichele den Kater.«

»Heute sind es noch genau vier Wochen bis zum 4. April. Meine Gedanken kreisen um dieses Datum. Ich hatte Dir schon geschrieben, daß ich die Alternativen erwogen habe. Von diesem Thema komme ich, selbst wenn ich wollte, nicht mehr los. Aber ich will es auch gar nicht. Immer und immer denke ich alles durch, was wann und wie zu geschehen hat. Alles nehme ich mit in die Träume. Da wird es dann etwas wirr.

In der vorletzten Nacht hattest Du deinen Traumauftritt im langen Kleid. Du warst sehr freundlich zu mir, und eigentlich habe ich mich darüber gefreut, über das Träumen von Dir. Zeigt es mir doch, welche Bedeutung Du hast und daß ich nicht nur im Wachen von Dir träume.

Wenn ich nun höre, daß in Bonn Schnee liegt, dann denke ich an das Häuschen. Wie es sich unter die Bäume duckt, weiß wie der Schnee, und doch Schutz bietet vor einer nicht immer freundlichen Umwelt. Hoffentlich hast Du es gut warm bei uns, da es draußen doch so kalt geworden ist. Ich selbst habe mich gegenwärtig eingeigelt; Kontakt habe ich aber zu einer jungen Siamkatze aufgenommen, die ich Mirna getauft habe. Ich streichle sie täglich, und sie mag das. Vielleicht denkst Du beim Streicheln Deiner Katze in die gleiche Richtung. Der Gedanke ist nicht sehr erwachsen, aber man muß ja nicht immer den Erwachsenen spielen.«

»Die Zeit verrinnt, glücklicherweise – meine ich. Die Wolken hängen tief und grau. Die Gedanken an Dich lassen mich nicht los. Sie kommen jetzt immer häufiger, auch des Nachts. Sie sind willkommen und beschäftigen mich. Leute, die mich kennen, fragen, ob ich politische Sorgen hätte, weil ich so still und mürrisch sei. Doch ich habe wirklich keine politischen Sorgen, und ich bin auch nicht mürrisch, sondern nur still und mit mir selbst beschäftigt.

Die Katze habe ich seit gestern nicht gesehen. Ich muß mich gleich nach ihr umschauen. Nun werde ich schon wieder gestört. Verzeih, daß ich ende. Sei umarmt.«

»Mirna, beim normalen Ablauf der Postzustellung wirst Du diesen Brief wohl erst erhalten, wenn ich mich schon in Deiner Nähe befinde oder mich gemeldet habe. Ich freue mich, wenn die Zeit des Nichtsehens vorbei ist. Aber das ändert eigentlich nichts daran, daß Du immer da bist, und zwar so gegenwärtig, daß ich mich oft frage, was würde Mirna jetzt tun oder wie würde sie Dir raten, etwas zu tun oder zu unterlassen.

Ich habe noch nie einen Menschen so geliebt wie Dich. Mit Dir ist es vollkommen. Du gibst mir viele Anstöße, und manchmal glaube ich, ich werde gut durch Dich. Ich habe lange gebraucht, um Deine Sicht der Dinge zu verstehen. Und ich nehme an, es geschafft zu haben. Du hast das viel früher in umgekehrter Richtung verstanden. Im übrigen hilft das gegenwärtige Verstehen auch über so manche Klippe des Alltags hinweg. Davon gibt es ja wohl einige. Doch sollten sie uns nicht mehr gefährlich werden.

Meine Gedanken kreisen immer wieder um das Datum 4. April. Nicht weil es eine Änderung meiner Absichten gäbe, die stehen fest. Es geht nur um die Form, wie man Argumente formuliert – und zwar so, daß sie nicht nur glaubwürdig klingen, sondern daß auch erkannt wird, daß sie glaubwürdig sind. Ich meine, es müßte gehen, und werde Dich noch um Deine Meinung dazu bitten. Wenn Du nur halb soviel an mich denkst wie ich an Dich, dann ist es wirklich reichlich. Alles Liebe, Dein Filip.«

Er kommt zurück und berichtet Mirna, wie er sich seinen ehrenvollen Abschied vorgestellt hat. Er teilt ihr ebenfalls mit, daß er nach Wiesbaden zurückgeht, um die zweite Etappe der Befreiung zu beginnen. Er rechnet, daß er dafür fünf Monate braucht, bis Ende September. Filip sagt: »Ich bin sicher, daß Wiesbaden in eine Trennung einwilligt. Ich werde Tag und Nacht nichts anderes tun, als das Problem zu lösen, denn dann gibt es keine Akten, die ich abarbeiten muß. Ich werde die Zeit haben, die ich brauche, um die Vergangenheit auszudiskutieren.«

»Filip«, sagt Mirna, »laß sie, wenn sie keine Scheidung will. Sie kann weiterhin mit dir verheiratet sein. Laß ihr den gesellschaftlichen Rahmen. Ich habe nichts dagegen, wenn sie nach Bonn kommt und mit dir auf Empfänge geht, die mag ich sowieso nicht. Sie kann auch deinen Namen tragen, dein Geld haben, die Pension, Grundstücke und Häuser. Ich will von alledem nichts. Ich wünsche mir nur, ohne Angst mit dir zusammen zu sein.«

Dann kommt der 4. April 1983. Ein paar Tage danach findet Mirna morgens, nachdem sich Filip verabschiedet hatte, auf ihrem Kopfkissen einen kleinen Briefumschlag. In dem liegt ein zusammengefalteter viereckiger Notizzettel, auf dem steht: Entlassung am 9. Mai. Mirna legt den Zettel auf die alte Kommode im Schlafzimmer, in der Filip seine Sachen hat. In der ihre Briefe liegen.

Ein paar Wochen später sagt Filip: »Die Ratten kommen aus den Löchern. Wir wußten beide, daß die letzte Phase hart werden würde.«

Es wird publik, daß er ausscheidet. Jemand informiert ihn, daß Spiegel und Bildzeitung über sein Privatleben berichten wollen. Es interessiert, weshalb er zurücktreten will. Filip kann nachts nicht mehr schlafen. Er nimmt Tabletten.

Mirna beruhigt ihn, daß er nichts zu befürchten habe: »Was sollten sie schon berichten, was nicht schon jeder wüßte.«

»Ich muß versuchen, die Entlassungsurkunde so schnell wie möglich zu bekommen. Dann läßt das Interesse der Zeitungen nach.«

Am 9. Mai 1983 geht Filip nach Wiesbaden.

Angst kann größer sein
als alle anderen Gefühle

Filip ist bereits über zwei Monate in Wiesbaden. Er ruft nur selten an. Mirna hat sich von der Welt und ihren Freunden zurückgezogen. Sie geht nicht mehr aus. Ihre Tochter Luisa und ihr Sohn Peter versuchen sie zu trösten und fragen dabei immer wieder: »Warum ist Filip zu seiner Frau zurückgegangen?« Diese Fragen machen Mirnas Schmerz noch größer. Sie sagt: »Weil er versuchen möchte, sich im Guten von ihr zu trennen.« – »Warum meldet er sich dann nicht?« – »Das weiß ich auch nicht.« Mirna sitzt in ihrer freien Zeit entweder im Garten oder in der Bibliothek und liest. Sie geht nicht mal mehr in die Stadt zum Einkaufen; sie fürchtet sich davor, Menschen zu begegnen, die sie nach Filip fragen könnten. Sie weiß, daß sie die bedauernden Blicke nicht ertragen könnte.

Filip bittet schriftlich darum, daß Mirna ihm postlagernd nach Wiesbaden einen Brief schickt. Mirna schreibt: »Ein Vogel hat im Briefkasten sein Nest gebaut. Im Garten blühen weiße und blaue Glockenblumen. Gestern war ich auf dem Markt und habe drei Körbe Blumenstauden gekauft und sie gleich eingepflanzt. Die Katze fängt Mäuse und legt mir die abgebissenen Köpfe ins Bett. Die Gerste steht hoch. Der Weizen ist noch nicht soweit. Regen. Regen. Nichts als Regen. Dunkelheit und Schwermut. Dabei riecht es nach Weißdorn und Frühling. Der Holunder blüht und schaut zum Fenster herein. Ich werde einen Spaziergang machen und nachschauen, ob die Pfirsichbäume blühen. Das Telefongespräch mit Dir hat mich beunruhigt. Deine Aktenberge bedrücken Dich, sagst Du, und kosten Dich viel Zeit. Bist Du nach Wiesbaden gegangen, um Akten zu ordnen? Die Gedanken an Dich füllen die Zeit.«

Und Filip schreibt: »Über unser Telefongespräch von eben habe ich mich sehr gefreut. Gab es doch nach einigen Tagen den Lichtblick, länger miteinander reden zu können. Das Sortieren hat noch kein Ende gefunden. Nun merke ich, wie wenig man ohne Büro wegschaffen kann. So kümmere ich mich zwangsläufig um Kleinigkeiten, was aber gut ist und den Ausstieg aus dem Elfenbeinturm erleichtert. Fehlt noch das Gespräch mit normalen Leuten, was ich aber noch nicht aufnehme. Dazu ist dann an anderem Ort Gelegenheit genug.

Ich denke oft, wie es Dir wohl gehen mag und daß es uns beiden in etwa gleich geht. Dabei versuche ich trotz allem darauf zu achten, daß ich gesund bleibe. Eine der wichtigsten Voraussetzungen, um die nächste Zeit durchzustehen. Was die Planung für Arbeit in der ferneren Zukunft angeht, so schiebe ich die Gedanken daran weg. Später ist Zeit genug, darüber zu reden und die Pläne auch zu realisieren. Im übrigen sollte die Beschäftigung sehr zurückhaltend sein und private Lebensqualität behalten.«

Ende September. Donnerstag nachmittag. Noch ein paar Stunden, dann wird Filip kommen, und er kann viereinhalb Stunden bleiben. Einen Nachmittag lang. Mirna sitzt im Garten.

Später. Filip und sie schlendern durch den Garten, ums Haus herum zu dem kleinen Türchen, das sich in den Wald hinaus öffnet. Dann geht Filip zu den Holundersträuchern und die paar Steintreppen hinauf ins Haus. Wenig später kommt er in Jeans und Pullover. Sie tragen einen runden Gartentisch und zwei Korbsessel unter die Eiche. Mirna bringt Tee. Filip faßt nach ihren Händen, hält sie fest, sagt: »Was auch immer kommt. Ich trenne mich niemals von dir und verlasse dich nicht. Ich werde nicht in Wiesbaden bleiben. Erst bricht sie mir den Rücken, dann das Herz.«

Beide stehen auf. Im Haus geht Filip in jedes Zimmer. Er rückt hier einen Gegenstand zurecht, nimmt dort ein Buch in die Hand, blättert darin. In der Küche sitzt die Katze. Er streichelt ihr übers Fell. Filip betritt das Schlafzimmer, öffnet das Fenster, er legt sich aufs Bett. Die Arme hat er unter dem Kopf verschränkt. Mirna setzt sich neben ihn. Filip schaut an sich herab, sagt: »Nun liege ich angezogen auf dem Bett.« Er steht auf, zieht die Jeans aus und schlüpft in seinen Anzug. Er öffnet den Schrank und hängt die Jeans auf einem Bügel hinein.

»Weißt du noch, wie ich bei dir eingezogen bin?«

»Wie könnte ich das jemals vergessen.«

Filip steht unvermittelt auf und geht gleich darauf die Treppe hinauf in Mirnas Zimmer; die schiebt ihm ihren Sessel hin und setzt sich auf den Boden, sagt: »Ich möchte mich gern mit dir über das Papier zu den Waldschäden unterhalten. Der neue Zukunftsminister hat es im Kabinett vorgelegt, und du hast es als inhaltsleer bezeichnet.« – »Woher weißt du das?« – »Irgend jemand hat es mir erzählt.« – »Das Papier zeugt von Hilflosigkeit. Hier wird auf die Vorjahresuntersuchung hingewiesen. Die Bestandsaufnahme ist heute überholt. Es läuft eine neue Erhebung. Nach den Zwischenergebnissen liegen die neuen Schäden zwischen zwanzig und dreißig Prozent. Vergangenes Jahr waren es nur acht Prozent. – Mirna, du lenkst mich ab. Julia will sofort mit mir in Urlaub fahren. Sie stellte ein Ultimatum: Sonntag, 30. September, vierundzwanzig Uhr.« Mirna faßt nach seinen Händen: »Das ist in drei Tagen.« Filip sagt: »Ich möchte mit dir einen Abendspaziergang machen, durchs Dorf, zum Forsthaus und durch den Wald zurück zum Blockhaus. Danach fahre ich nach Wiesbaden.«

Am Freitag ruft Filip nicht an. Samstag früh klingelt das Telefon, Filip sagt: »Meine Worte reichen nicht aus, um dir zu sagen, wie sehr ich dich liebe.« Am Sonntag ruft Filip gegen Mittag an. Er spricht leise und gepreßt: »Mirna, ich kann nicht kommen. Nicht heute abend und auch morgen nicht. Niemals. Nun weiß ich, daß Angst größer sein kann als alle anderen Gefühle. Ich hasse mich und bin doch vor mir geflüchtet. Mein Herz sagt mir, daß ich zu dir gehen soll. Aber mein Verstand sagt mir, daß ich in Wiesbaden bleiben muß.« Dann macht es Klick.

Die Jahre, die noch kommen…

Mirna geht die Gangway hinauf zum Flugzeug, das sie nach Marseille und in die Provence bringen wird. Es ist ihr, als würde sie von einer geheimnisvollen Kraft dorthin gezogen. Sie muß fliegen und hört ihn sagen: »Wenn du mußt, dann mußt du.« In der Provence will sie die Wege gehen, die sie dort mit ihm gegangen ist. Sie fliegt mit der Abendmaschine nach Marseille. Dort landet sie um zweiundzwanzig Uhr, an einem Freitagabend im September Ende der achtziger Jahre.

Provence. Nacht, milde Luft. Passatwinde. Die Stadt drunten am Meer. Der Hafen. Sie fährt bereits einige Zeit über die Autobahn. Die Dunkelheit aufgerissen von Lichtern vorbeirasender Autos. Vor ihr Kalksteinfelsen, die fast an den Himmel stoßen. In Gordes übernachtet sie.

Der nächste Morgen. Kirchturm und Stadt auf einen Felsen gestellt. Der Kirchplatz von Platanen überdacht. Eine Glocke hängt über dem Turm. Steineichen am Wegrand. Feigenbäume. Die Landschaft klar, wie aus dem Relief geschnitten. Der Mont Ventoux hat sich wie eine Echse an den Horizont geschmiegt. Drüben der Lubéron mit seinen kalkbuckligen Felsen. Eine Herde Gänse spaziert durch ein Lavendelfeld. Am Weg entlang herbstbunte Eichen. Männer spielen Boule. Weiche Luft. Rundgewickelte Strohballen auf Stoppeläckern, die sich gelbbleich die Hügel hinaufziehen. Der Wind verfängt sich mit einem Pfeifton in ihren Haaren.

Es ist ihr, als ginge er neben ihr. Seine Stimme liegt in ihrem Ohr: »Du bist wie eine Mandel, von Schutzhüllen umgeben und vielfältig der Kern.« Am Abend fährt sie von Gordes hinunter ins Tal. Sie schaut auf rote Felsen, abgeerntete Getreidefelder, vom Abendlicht überstrahlt. Es ist, als ob sich Sonnenfelder auf die Erde legten. Weinstöcke gibt es felderweise und blaue Blumen, die in Reihen stehen. Der Abend vorm Übergang zur Nacht. Das Tal wird bleich. Sie bemerkt, daß der Mistral heftiger wird. In Roussillon steigt sie aus und sucht das Restaurant, in dem sie damals zu Abend gegessen hatten.

Am nächsten Tag fährt sie nach Aix-en-Provence. Am Wegrand verbranntes Gras. Zypressenspitzen, die in den Morgenhimmel ragen. Weintraubenfelder, von Bergketten eingesäumt. Coustell, auf dem Markt Körbe mit Feigen und Pfauenfedern. Es riecht nach Herbst. Unter dem Himmel fliegen weiße Wolken dahin.

Sie verläßt das Dorf, fährt weiter auf der Landstraße, verblühte Sonnenblumen lassen die schwarzen Köpfe hängen. Das

Licht ist unbeschreiblich. Oben am Hang La Coste. Das Schloß. Später Bonnieux. Wassersprüher über den Feldern. Zwei Düsenjets durchbrechen die Schallmauer. Am Wegrand sitzen alte Männer, sie tragen schwarze Filzhüte über zerfurchten Gesichtern. Drunten im Tal Aix. Atomkraftwerke. Kühltürme. Der Berg von Cézanne. Er brennt. Das Feuer frißt sich den Hang hinauf. Rauchfahnen, beißender Geruch von verbranntem Holz dringt ins Auto, ihre Augen tränen. Sie schließt das Fenster.

In Aix stellt sie das Auto auf einen Parkplatz. Dann macht sie einen Spaziergang durch die Stadt, sie geht über den Boulevard de la République, vorbei an Patrizierhäusern, schaut die Bilder an, die Künstler auf dem Boulevard ausgestellt haben. Nun überquert sie den Square Colonel Antonio Matei. Platanen und immer wieder Platanen. Dazwischen Blumenrabatten mit südländischen Pflanzen. Auf dem Platz Général de Gaulle stehen Straßenlaternen auf grünen Pfählen. Männer renovieren den Bürgersteig. In Adelspalästen aus dem vergangenen Jahrhundert residieren Banken und Versicherungen. Sandsteinfassaden, ockerfarben von der Zeit, unterbrochen von hohen, schmalen Fenstern mit Holzläden von gräulichem Weiß. Am Cours Mirabeau Bäume in Sandkästen gestellt. Springbrunnen. Weiter unten kunstvoll beschnittene Platanen in Viererreihen, deren Wipfel die Avenue mit einem Laubdach überspannen. An manchen Stellen gelingt es der Sonne, die Schatten zu durchbrechen. Vielleicht dreißig Grad im Schatten. Wasserbrunnen, in denen Tauben baden. Auf dem Les deux Sarrons fahren Autos vierspurig. Vor Cafés und Restaurants stehen Stühle und Tische am Straßenrand.

Sie setzt sich an einen Tisch vor das Restaurant Deux Garauns, schaut hinauf in die verschlungenen Platanenäste, genau wie damals. Sie denkt daran, daß er Tränen lachen mußte, weil sie zu ihm gesagt hatte: »Mach uns ein Bett in den Platanenwipfeln.« Sie bestellt ein Glas trockenen Weißwein. Ein Kellner bringt es, der aussieht wie ein Filmstar. Sie nippt an dem Glas und sinnt den französischen Wortfetzen nach, die an ihr Ohr dringen. Nach einer Zeit öffnet sie ihre Handtasche, nimmt einen Brief heraus, faltet ihn auf und liest den ersten Brief, den ihr Filip Ende der siebziger Jahre aus Südfrankreich geschrieben hatte:

»Es ist mehr als zehn Jahre her, daß ich einen privaten Brief schrieb. Aber wie bei so vielem in der letzten Zeit muß ich wohl auch hier umdenken. Es ist sehr einsam. Der Wind ist stark. Auf der Wiese nebenan steht eine braunweiß gefleckte Kuh; sie schaut in das Auto hinein und mich an… Ich habe für mich inzwischen die Gewißheit erlangt, daß mich ein Gefühl ausfüllt, das auf Dauer bleibt. Ich fand es sehr freundlich vom Schicksal, uns einander begegnen zu lassen.« Mirna denkt: Aber die Angst, seine Welt zu verlassen, war schließlich stärker als seine Gefühle.

Mirna ist es, als zögen die vergangenen Jahre wie ein Film an ihrem inneren Auge vorbei. An jenem letzten Sonntag im September sein Anruf aus einer Telefonzelle. Dieser Klickton in der Leitung. Der Schmerz, den sie hinaus in den Wald geschrien hat. Sie hält das Gerede in Bonn aus. Sie gibt seine Sachen dem Roten Kreuz. Die Traurigkeit ihrer Kinder und die Fragen: »Warum hat er das getan?« Sie sagt: »Ich glaube nach wie vor, daß er zu uns kommen wollte. Aber kurz vor dem Ziel verließ ihn die Kraft. Er hat es nicht geschafft, seine alten Bindungen zu lösen. Sie waren wohl stärker als wir. Filip hat nie ein Hehl daraus gemacht, daß er konservativ ist, und schließlich blieb er im Konservatismus hängen. Er machte mich glauben, daß er erpreßbar sei. Aber vielleicht war das nur eine aufgebauschte Geschichte oder eine üble Strategie, für den Fall, daß er, aus welchen Gründen auch immer, die Trennung von mir durchziehen wollte. Filip Bergs Härte war in Bonn geradezu legendär. Er konnte über Leichen gehen, wollte herrschen und Menschen beherrschen. Das Minenlegen wurde ihm zur zweiten Natur.«
    Als Filip in Wiesbaden blieb, versuchte Paula Mirna zu trösten. Sie erzählte ihr, daß Filip sich einmal ihrem Mann anvertraut habe. Die beiden waren gleich alt. Filip gestand Frank, dem Pfarrer, daß er zwischen seinen beiden Frauen hin- und hergerissen sei. In der alten Beziehung mit Julia fühle er sich geborgen und zu Hause. In der neuen mit Mirna erlaube er sich Gefühle und fühle sich jung, dynamisch und sehr lebendig. Er genieße den Intellekt und die Unabhängigkeit der jungen ebenso wie die Aufopferung der älteren Frau. Ihr fühle er sich verpflichtet. Sie hatte sein Studium finanziert und ihm beruflich den Rücken frei-

gehalten. Sie waren zusammen alt geworden und hatten viel gemeinsam durchgestanden.

Mirna denkt, möglicherweise hätte Filip am liebsten beides gehabt. Aber so konnte ich nicht leben. Sie erinnert sich daran, wie sie sich nach der Trennung geradezu in die Arbeit gestürzt hatte. Der AFR schickte sie Anfang des neuen Jahres nach Südafrika. Als sie nach knapp zwei Monaten zurückkommt, blühen in Bonn die Magnolienbäume. Mirna ruft den Anwalt an. Sie braucht einen Menschen, dem sie sich anvertrauen kann. Der Anwalt erinnert sich sofort an Mirna und nimmt sich Zeit für sie. Mirna berichtet ihm, was sich ereignet hat. Der Anwalt gibt ihr zu verstehen, daß er es nicht für möglich gehalten habe, daß sie sich von ihm trennen würde.

Mirna erwidert: »Er ging, obwohl ich bereit war, alles für ihn aufzugeben.«

»Möglicherweise war das exakt Ihr Fehler. Es könnte auch eine seiner Strategien gewesen sein, Sie loszuwerden. Ich halte es durchaus für möglich, daß er die Schmerzgrenze sehr hoch ansetzte und sich verkalkulierte. Die Mutter wäre möglicherweise bereit gewesen, ihre Kinder zu verlassen. Normalerweise läuft das anders, und dann hätten Sie sich ein Leben lang schuldig gefühlt, weil Sie ihn verließen, als er Sie am nötigsten brauchte. Sie hätten bestimmt gedacht, daß er deshalb nicht die Kraft fand, sein Leben in Ordnung zu bringen und sich den Behörden zu stellen. Ich nehme an, daß er Ihnen das Versprechen abgerungen hat, ihn niemals allein zu lassen.«

»Woher wissen Sie das?«

»Ich weiß nichts, aber das paßt ins Muster und in das Bild, das ich mir von ihm mache. Filip Berg war ein glänzender Stratege und außerdem ein geradezu begnadeter Staatsschauspieler. Es war für mich ein intellektuelles Spiel, die Person zu identifizieren, die sich mit Ihrem Namen meldete. Filip Berg half mir dabei, natürlich unbewußt. Wir telefonierten mehrfach. Mich hat seine Geschichte nicht überzeugt, letztlich verstand ich nie, weshalb er mich einbezogen hat. Irgend etwas an der Story war falsch. Aber auch ich weiß bis heute nicht, was das war. Erinnern Sie sich, daß ich damals versuchte, Sie dafür zu sensibilisieren? Ich vermutete, daß Filip Berg nichts tun würde. Er hatte bislang geschwiegen, und ich schloß daraus, daß er auch weiter schweigen würde. Schließlich war er über sechzig. Ich habe leider recht behalten. Nach den Telefongesprächen mit ihm war mir auch klar, daß er von seiner Ehefrau nicht loskommen würde. Die Bindungen zwischen den beiden schienen mir sehr eng. Ich verstand auch nicht, weshalb er auf einem Mord bestand.«

Mirna zwingt sich zu einer ruhigen Stimme und fragt: »Was wollen Sie mir damit sagen?«

»Daß alte Menschen meist nicht mehr die Kraft für Veränderungen haben. Alte Bäume verpflanzt man nicht. Sie kennen das Sprichwort?«

Mirna denkt auch an jenen Tag im Sommer. Der Bundespräsident hatte sie zu einem Empfang nach Schloß Brühl eingeladen. Ihr Sohn Peter fuhr sie mit seiner Ente vor die Einfahrt des Schlosses. Als sie aussteigt, klatschen die Zaungäste, und einige rufen: »Bravo, eine Ente, wo hier sonst nur Staatskarossen vorfahren.« Mirna begegnet später im Garten des Brühler Schlosses Filip. Der erkennt sie und blickt sofort auf die Seite. Es ist Mirna, als ob der Boden unter ihr hinweggleite. Neben Filip eine gleich alte oder ältere Frau, wahrscheinlich die Ehefrau. Mirna sieht, wie Filip seinen Arm um die Frau legt. Mirna fühlt sich wie geschlagen. Sie erinnert sich, daß Filip zu ihr gesagt hatte: »Die Liebe bewegt die Sonne und andere Gestirne.« Aber schließlich war seine Angst stärker als das Gefühl von Liebe. Das bürgerliche Leben war wichtig, die Pension und das Ansehen seines Staatsministeramtes a.D.

Nach dieser Begegnung mit Filip fährt Mirna in die Stadt, in der sich, soweit sie weiß, das entsprechende Archiv für unaufgeklärte Verbrechen befindet. Sie steht vor der Tür. Sie ist angemeldet. Sie legt die Hand auf die Türklinke – und fragt sich zum unzähligsten Mal, ob sie es wirklich wissen möchte. Sie gesteht sich schließlich ein, daß ihr die Kraft dazu fehlt.

Mirna steht nun auf. Sie geht langsam die Avenue entlang, bleibt immer wieder stehen, sieht sich um. Ihre Augen füllen sich mit Tränen. Sie erinnert sich, wie sie damals untergehakt mit ihm diesen Weg ging. Das Hotel, in dessen Fürstenzimmer sie übernachteten, schaut sie von außen an. Leichter Wind kommt auf, spielt mit den Zweigen der Platanen, die Schatten auf die Fassaden der Adelspaläste werfen. Sie wirkt traurig und hilflos. Am frühen Nachmittag geht sie zum Parkplatz zurück. Wenig später fährt sie den gleichen Weg nach Marseille, den sie damals gefahren sind. Über der Straße sieht sie einen Friedhof und Männer, die einen Sarg auf ihren Schultern tragen. Noch achtzig Kilometer bis Marseille. Die Landstraße windet sich den Berg hinauf. Sie fährt an abgeernteten, honigfarbenen Feldern vorbei. Dann ein verbranntes Waldstück. Drüben liegt Mielle mit dem Internierungslager aus dem Zweiten Weltkrieg, auf dessen Wände Maler ihren Schmerz gezeichnet haben. Nun der See, flimmerndes Licht, das über den Wellen tanzt. Dahinter, auf dem Hügel, das ockerfarbene Haus. Sie hört ihn sagen: »So werden wir in den kommenden Jahren in der Provence leben.« Sie schaut auf den roten Lehmboden und hinüber zu den Bergen und sieht, wie weiter drunten im Tal Meer und Horizont ineinander übergehen. Dann Marseille. Sie fährt an der Stadt vorbei zum Flughafen. Die Spannung läßt nach, die sie gezwungen hatte, in die Provence zu reisen.

Kurz vor der Landung in Bonn öffnet Mirna ihre Handtasche, nimmt ihren Taschenspiegel heraus, wirft einen prüfenden Blick über ihr Gesicht. Sie kämmt sich durch die Haare, schminkt Lippen und Augen leicht nach. Dabei fällt ihr Blick auf die Kette von schwarzen Karneolen, die sie um ihren Hals trägt. Vor Filip hatte sie ihre Kette immer verborgen, sie war ihr Geheimnis. Mirna faßt mit einer Hand nach der Kette, sie tastet nach den Steinen und erinnert sich an jenen Tag am Pazifik und den Mann, der sie auf so geheimnisvolle Weise angezogen hatte. Nun nimmt Mirna ihre Kette ab und läßt sie langsam durch ihre Finger gleiten; dabei gesteht sie sich ein, daß sie in diese Kette ihre ganze Sehnsucht, ihre Träume von einer großen Liebe gelegt hatte. Mit Erstaunen stellt sie fest, daß sie neugierig ist auf die kommende Zeit.

Zwei Wochen später. Sie arbeitet wieder in Bonn. Sie fährt über die Argelanderstraße in die Südstadt. Im Autoradio hört sie Nachrichten und erschrickt, als die Sprecherin sagt: »Wie erst heute bekannt wurde, verstarb vor zwei Wochen in der Provence Filip Berg, der ehemalige Staatsminister aus dem Ministerium für Zukunftsfragen, Ökologie und Freizeit. Er bestimmte dort über zwei Legislaturperioden entscheidend die Politik.«

Mirna wußte immer, daß sie es auf diese Weise erfahren würde. In den Nachrichten. Nun verstand sie, weshalb es sie in die Provence gezogen hatte. Sie war dort an dem Tag, an dem sich Filip für immer von der Welt verabschiedet hat.

Inhalt

Prolog   7

Einsamkeit der Macht   9

Phantasievolle Abwehr   15

Macht oder Liebe?   20

Sie will sein, die sie ist,
und nicht gezähmt werden   27

Hast du gesehen, daß die Magnolien blühn?   31

Die Grenzen werden abgesteckt   37

Von Amtshilfe und höhergesteckten Zielen   42

Septemberrosen   48

Männerspiele   52

Ein Ahornboden vor New York City   56

Sie will Lima sehen   61

Er ließ ein Dossier über sie anfertigen   66

So erzieht man Kinder nicht   69

Ballnacht   73

De Luxe   76

Der Herr im grauen Flanell   78

Ein Blockhaus im Wald   79

Bis Montag also   83

Der Minenhund des Ministers   87

Staatsräson   90

Die Seele verglast wie radioaktive
Brennelemente   96

Neuanfang?   100

Ich spielte Gott   102

Du bist stark und hältst viel aus   110

Das Geheimnis der schwarzen Karneole   114

Bonner Alltag   118

Erst kommt der Staat, dann komme ich   122

Ich tat es auf Weisung   124
Seine Haut wird dünn   126
Sie hörten dem Westwind zu   129
Er wird bewacht, es ist entsetzlich   131
Sag der Katze, daß Eingesperrtsein
    nicht ewig dauern kann   133
Hoffnung   138
Der Wind heult um das Hohe Haus   140
Der Anfang vom Ende der Welt   144
Mauern aus Stacheldraht und Beton   147
Die Wende   150
Seine Bilder vom irdischen Glück   156
Vor einem großen Wettkampf?   160
Angst kann größer sein
    als alle anderen Gefühle   164
Die Jahre, die noch kommen…   166

Die Frau in der Gesellschaft

Carme Riera
Florentinischer
Frühling
Roman
Band 12009
Im Spiel
der Spiegel
Roman
Band 12008
Selbstsüchtige
Liebe
Novelle
Band 11096

Karin Rüttimann
Schwalbensommer
Roman
Band 4749
Warten auf L.
Sylter Winterballade
Band 10885

Verena Stefan
Es ist reich
gewesen
Bericht vom Sterben
meiner Mutter
Band 11678
Häutungen
Band 11837

Marlene Stenten
Albina
Monotonie um eine
Weggegangene
Band 10994
Puppe Else
Band 3752

M. Tantzscher (Hg.)
Die süße Frau
Erzählungen aus
der Sowjetunion
Band 3779

Miriam Tlali
Soweto Stories
Band 10558

Johanna Walser
Die Unterwerfung
Erzählung
Band 11448

Charlotte Wolff
Flickwerk
Roman
Band 4705

Rumjana Zacharieva
Eines Tages jetzt
oder Warum ver-
ändert Elisabeth
Schleifenbaum
ihr Leben
Erzählung
Band 12321

Fischer Taschenbuch Verlag

fi 20 / 4 d